499

Merve Verlag

Dirk Baecker

Katjekte

Durchgesehene und erweiterte Fassung

Merve Verlag

Die erste Fassung dieses Bandes ist 2021 unter dem Titel »Katjekte« bei Merve erschienen und umfasste 136 Seiten.

Printed in Germany

Druck- und Bindearbeiten: Alfa print, Martin

Umschlagentwurf: Jochen Stankowski, Dresden

Redaktorat: Tom Lamberty, Leipzig

ISBN 978-3-96273-060-4

www.merve.de

Inhalt

Man kann ein Kopfschütteln nicht durch ein zweites aufheben.

Ludwig Wittgenstein

Im einzelnen als Kalkül chiffriert, wobei man nicht recht einsieht, zum Zwecke welcher mathematischen Operationen das geschieht.

Niklas Luhmann, ZK I Zettel 28,12c2f4

Vorwort

Formen sind die Antwort auf die Frage, wie es möglich ist, in und mit Unterscheidungen zu denken und zu rechnen, ohne sich einem ausschließlich binären Denken und Rechnen zu verschreiben. Katjekte machen diese Formen greifbar. Formen schließen ein, was sie ausschließen, und sind daher mindestens dreiwertig, wenn man die Operation des Ein- und Ausschlusses mitrechnet. Sie sind mehrwertig, wenn man es mit Formen zu tun hat, die aus mehreren ineinander geschachtelten Unterscheidungen bestehen. Formen sind außerdem die Antwort auf die Frage, wer etwas sagt: der Beobachter, weiblich, männlich und divers, sozial, kulturell und technisch, menschlich, natürlich und künstlich. Und sie machen darauf aufmerksam, dass der Gegenstand nicht stillhält, während er beobachtet wird, sondern seinerseits beobachtet.

Die Form fasziniert. Sie ist nicht nur von Materie und Inhalt zu unterscheiden, sondern selbst Materie und Inhalt. Im Formkalkül von George Spencer-Brown werden Formen daher aus sich selbst heraus gedacht. Katjekte beschreiben die Umwege, die dafür erforderlich sind. Denn Formen sind Sachverhalte, wie ein Beobachter sie sieht. Kompliziert, genauer: komplex, wird es, wenn dem Sachverhalt ebenso wie dem Beobachter eine Selbstreferenz unterstellt werden muss, die beide erst handlungsfähig werden lässt. Dass dies nicht nur in den Sozialwissenschaften der Fall ist, ist ein Verdacht, der in der Tradition nur die Mystik, inzwischen jedoch auch Physik, Chemie und Informatik beschäftigt. ›Komplex‹ ist dies, weil die Selbstreferenz des Gegenstands wie des Beobachters sich nur im Material realisiert, zugleich jedoch auf dieses Material nicht reduziert werden kann. Gegenstand und Beobachter oszillieren zwischen ihrer Referenz auf sich (und in sich) und ihrer Referenz auf ihr (und in ihrem) Material, ohne dass die eine Referenz auf die andere reduziert werden könnte. Eben das definiert ihre notwendige, unvermeidbare Komplexität, ihre Faltung in eine daraus zu gewinnende Vielfalt, aber auch die Paradoxie (einer Beobachtung, die *nicht* ist, was sie beobachtet), die sich jederzeit bemerkbar machen kann. Es gibt nichts Einfaches, mit dem man starten könnte – es sei denn, man tut es, oder, mit Spencer-Brown: »Draw a distinction.« Aber auch dann wird man feststellen, dass die Selbstreferenz nicht anders gefasst werden kann als in ihrem Entzug. Sie entweicht ins Material, das sie bewegt. In jeder ihrer Operationen ist sie ergänzungsbedürftig, doch jede dieser Ergänzungen erfüllt sie nur im Moment.

Der vorliegende Text versteht sich als ein Arbeitsbuch. Er greift jüngere Entwicklungen in der soziologischen Theorie, insbesondere der Theorie sozialer Systeme, auf und bettet sie ein in philosophische, epistemologische, logische und mathematische Überlegungen. Niklas Luhmann hat die Bedeutung der »Formenanalyse« früh erkannt, doch erst im Spätwerk ins Zentrum seiner Arbeit gerückt. In der Mathematik wird der Formkalkül als ein Versuch rezipiert,

Argumente der Selbstreferenz, der Paradoxie und der Zeit kalkülfähig, das heißt unter der Angabe dafür erforderlicher Operationen, Funktionen und Symbole rechenfähig zu machen. Nur so weiß man bei jedem Schritt, was man tut. Spencer-Brown entwickelt diesen Kalkül über die Boolesche Algebra hinaus bis zu dem Punkt, an dem man nicht mehr weiß, was man tut, und dennoch oder gerade deswegen etwas tut. Die Freiheit des Anfangs ist das Produkt einer Reflexion, die sich mit ihrer Sache nicht-identisch weiß.

In der Soziologie kann der Kalkül als ein Versuch gelesen werden, Kommunikation zu verstehen. Kommunikation ist eine Beobachtung und wird beobachtet. Sie unterstellt sich selbst und ist deswegen immer schon, Gregory Bateson hat es erforscht, eine Metakommunikation: »Dies ist ein Spiel«, sagt das Spiel. Dies ist ein Satz, sagt der Satz. Neben der Sicherheit, die diese Aussage schafft, endlich weiß man, woran man ist, entsteht eine elementare Unsicherheit. Denn wer trifft diese Aussage? Wer sagt, dass dies ein Spiel, ein Satz ist? Ist die Aussage selbst ebenfalls ein Spiel, ein Satz? Die Aussage schließt etwas ein, was sie ausschließt, einen impliziten Kontext, und eben dem gilt es nachzugehen, ohne dass man wüsste, ob man damit je zu einem Ende kommt. Irgendwann lernt man, die Form in der Schwebe zu halten.

Die Form fasziniert, weil sie Sachverhalt und Beobachtung zugleich ist. Die Soziologie beginnt, mit einer Komplexität zu rechnen, an der sie selbst Anteil hat.

Die zweite Auflage dieses Buches stellt die Komplexität der Verrechnung einer Selbstreferenz im Gegenstand mit der Selbstreferenz des Beobachters deutlicher heraus als die erste. Sie arbeitet für den Inhalt *a* mit einer Formgleichung:

$$a = \left.\overline{a\ }\right| .$$

Das *cross*, $\rceil$, notiert ineins die Operation der Unterscheidung und den durch die Operation markierten Zustand. Die Unterscheidung erlaubt die Beobachtung *beider* Seiten der Unterscheidung ebenso wie der Unterscheidung selbst und des Raums, den sie durch seine Markierung hervorruft. Eben deswegen ist sie ›Form‹, Zusammenhang einer Unterscheidung, distinction as ›perfect continence‹.

In der ersten Formgleichung wird der Inhalt *a* mit seiner Negation gleichgesetzt, die auf der Außenseite der Unterscheidung den Raum markiert, in dem die Unterscheidung des Gegenstands getroffen wird. Interpretiert als Negation, handelt es sich nicht um eine ›antinomische‹ Negation, die den Gegenstand blockiert, sondern um eine ›reflektierende‹ Negation (Hegels Negativität), die das bezeichnet, was er nicht ist, von ihm jedoch als Umgebung seiner selbst vorausgesetzt wird. Die Negation des Gegenstands ›impliziert‹, was er nicht ist, nämlich die Welt, in der er möglich ist.

Die Selbstreferenz des Gegenstands steckt in der Unterscheidung, mit der er sich auf der Innenseite der Unterscheidung bezeichnet, ohne sich je anders denn als Differenz zu fassen zu bekommen. Die Selbstreferenz verweist ihn auf die Notwendigkeit einer Fremdreferenz. Der Gegenstand kann nur sein, was er ist, wenn es eine Welt gibt, die ihn umgibt. Und die Selbstreferenz des Beobachters steckt im Gleichheitszeichen, mit dem die These vertreten wird, dass die Identität von *a* sich als Differenz von *a* lesen lässt. Es ist der Beobachter, der Unterscheidungen trifft, die er als Unterscheidungen in der Sache behauptet. Plausibilität und Brauchbarkeit gewinnt dieser Ansatzpunkt in dem Maße, in dem sich die erste ›Form‹, der Zusammenhang von Unterscheidung, Innenseite, Außenseite und Raum der Unterscheidung, zu einem Katjekt entfalten lässt. Das Katjekt buchstabiert die Unterscheidung weiter aus, macht aus der Aussage einen Satz und stellt sich so zur Diskussion.

Katjekte werden zumeist, wenn auch nicht zwangsläufig, auf der Ebene von Gleichungen höherer Ordnung formuliert, in denen ihre Unterscheidung(en) mithilfe des *re-entry*,  , in die Form der Unterscheidung(en) wieder eingeführt werden:

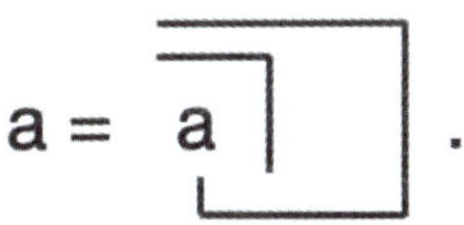

Gleichungen höherer Ordnung notieren Formen der Beobachtung zweiter Ordnung, in denen Unterscheidungen durch ihre Beobachtung unbestimmt (zweifelhaft, weil ebenso sehr auf den Gegenstand wie auf den Beobachter zurechenbar) werden und sich in dieser Form sowohl reflektieren als auch mithilfe weiterer Unterscheidungen ›imaginär‹ entfalten. Diese imaginäre Form lebt von nichts anderem als der Rückkehr der durch Implikation erschlossenen Außenseiten der Unterscheidung in die ›negierte‹ Innenseite. Diese Rückkehr realisiert einen Aufschub (Derridas *différance*), die neuen Hinsichten folgt. Gleichungen erster Ordnung notieren die wechselseitige Abhängigkeit von Inhalten, Gleichungen höherer Ordnung die wechselseitig variable Abhängigkeit von Inhalten.

Ein weiteres Motiv für die Arbeit an Katjekten will ich nicht verschweigen. Katjekte haben als Sätze in mathematischen Formeln nicht nur den Vorteil, im Unterschied zu verbalen Sätzen nicht nur linear, sondern auch simultan gelesen werden zu können, sondern sie liefern mit dieser Form der Präsentation von Komplexität auch eine vorsichtige Alternative zu Algorithmen der Künstlichen Intelligenz. Diese Algorithmen sind nicht mehr lesbar. Maschinen können sie lesen und Maschinen erlernen in ihnen den Umgang mit statistischen Daten. Katjekte hingegen arbeiten an einer Intelligenz der Entfaltung von Komplexität, die grafisch, semantisch und diskursiv zugänglich bleibt. Irgendwann werden Maschinen auch Katjekte lesen und schreiben können. Doch selbst dann sind sie dem menschlichen Blick noch zugänglich. Nichts schließt aus, dass eine Triangulation maschineller, sozialer und mentaler Intelligenz möglich bleibt, die statistische Datenverarbeitung, perspektivische Differenz und Fähigkeit der Imagination miteinander verschränkt.

Die Gelegenheit der zweiten Auflage habe ich genutzt, den Text durchzusehen, zu überarbeiten, zu erweitern und komplett auf Endnoten umzustellen. Relativ weitgehende Eingriffe finden sich in den Kapiteln ›Drift‹ (zuvor Vorwort 1.0), ›Metaphysik‹ (Aristoteles' ›Ursachen‹ sowie eine Anmerkung zum Unterschied von Seins-, Sinn- und Rechenlogik), ›Methodologie‹ (wie anfangen?) und ›Ein Beispiel‹ (Umstellung auf eine Gleichung mit mehreren *re-entries*). Neu sind die Abschnitte ›Monaden‹, ›Kalküle‹, ›Medium und Form‹ und ›Menschen‹.

Für Hinweise zu früheren Fassungen meiner Überlegungen danke ich Ulrik Brandes, Tom Fürstner, Thomas Götzelt, Florian Grote, Franz Hoegl, Michael Hutter, Athanasios Karafillidis, Louis H. Kauffman, Sven Kosub, Maren Lehmann, Dirk Rustemeyer, Claus-Artur Scheier, Fritz B. Simon, Walter Tydecks, Matthias Varga von Kibéd und Viktor Winschel.

Louis H. Kauffman und Franz Hoegl verdanke ich die späte, aber elementare Einsicht, dass das *cross*, $\overline{|}$, den Raum auf der Außenseite der Unterscheidung, nicht auf der Innenseite markiert, so dass » $\overline{|}\,a$ « die Bezeichnung von *a* und » $\overline{a|}$ « die Bezeichnung von *nicht-a* (~a) ist. *Nicht-a* ist die nichtidentische Bestimmung von *a* über den Raum, in dem *a* allererst möglich ist. Die Negation bringt die impliziten Kontexte jeder Bestimmung sowie den Beobachter ins Spiel. Nur wer Nein sagen kann, kann auch Ja sagen.

Möglicherweise ist Drift ein Gegenbegriff zum Katjekt. Die Drift kommt, wie sie kommt; das Katjekt verfängt sich in der Form. Aber kann man sich dieses Unterschieds so sicher sein? Der Begriff der Drift stammt aus der Evolutionstheorie. Er bezeichnet einen Prozess spontaner Abstimmung zwischen Organismen und ihren inneren und äußeren Umwelten.[1] So spontan wie er ist, ist der Prozess mindestens rekursiv, wenn nicht reflexiv. Er greift auf sich zurück und er greift auf sich voraus. Er kalkuliert. Selbst wenn es kein Ziel zu berechnen gibt, ist es unmöglich, die Bedingungen seiner Möglichkeit außer Acht zu lassen. Der Prozess ist kritisch. Er enthält eine Teleologie. Er ist ein Wille zur Macht.

Damit sind alle Bedingungen erfüllt, die auch für Katjekte gelten. Katjekte kalkulieren Bezeichnungen und Unterscheidungen im Medium ihrer selbst. Sie sind Artefakte von Beobachtern, die ihren eigenen Bedingungen nur unzureichend auf die Spur kommen. Die Drift ist ein Kalkül, der schon greift, wenn niemand so recht weiß, wie ihm und ihr geschieht. Haben Newton und Leibniz den Begriff des Kalküls nicht deswegen eingeführt? Als Reflexion auf die Möglichkeit der infinitesimalen Annäherung einer Ableitung an eine kontinuierlich nichtlineare Funktion? Verdient das den Namen einer ›Berechnung‹? Und haben nicht bereits Hegel und Marx darüber nachgedacht, wie ein Verhältnis zwischen kontinuierlicher Funktion und diskontinuierlicher Ableitung, zwischen Drift und Kalkül beschaffen ist, das Operationen im Unendlichen, $dy/dx = 0/0$, voraussetzt?[2] Im 0/0 stecken Vernunft und Wille einer Beobachtung, die nicht umhinkommt, laufend auf sich selbst zurückzukommen. In der mathematischen Unmöglichkeit stößt die Berechnung an ihre Grenzen und damit an ihre Einsatzbedingung. In der Null sitzt der Beobachter, der sich, dividiert durch sich selbst, sofort wieder aus der Rechnung nimmt.[3]

Spätestens die Elektrotechnik unterstreicht, dass solche Operationen als Widerstände zu denken sind,[4] wie es sich Hegel und Marx nicht besser hätten wünschen können. Katjekte operieren im Medium einer nicht nur mitlaufenden, sondern orientierenden Negativität. Unterscheidungen greifen nicht nur ineinander, sondern widersprechen sich, fordern sich und lehnen sich ab. George Spencer-Browns Formkalkül zeigt, wie das geht.

Auf längere Sicht wäre eine Kombination des Formkalküls mit Gotthard Günthers Theorie der Polykontexturalität wünschenswert, um Annahme und Ablehnung von Unterscheidungen durch Unterscheidungen in der Form symbolisieren und Positivsprachen der Beschreibung von Sachverhalten mit Negativsprachen ihrer Reflexion kombinieren zu können,[5] doch das hat bisher noch niemand versucht.

Katjekte sind eine Denkfigur, mit deren Hilfe man an einer Theorie der Digitalisierung arbeiten kann. Sie erschließen einen allgemeinen Begriff der Digitalisierung, der jede Übersetzung kontinuierlicher Vorgänge in diskontinuierliche Inhalte und Bilder von Inhalten betrifft und sich damit auf eine Theorie der Codierung bezieht. Und sie erlauben, jenen Spezialfall zu untersuchen, in dem diese Codierung auf elektronische Medien zurückgreift, in denen Daten erfasst, gespeichert, berechnet und bereitgestellt werden können. Digitalisierung, so lernt man daraus, beginnt dort, wo einem Ja ein Nein gegenübergestellt wird und die Differenz für Anschlussoperationen verfügbar bleibt. Digitalisierung ist damit zwangsläufig ein analoger Prozess. Sie geschieht im Material, zu dem sie auch zurückfinden muss.

Der Formkalkül von Spencer-Brown erreicht einen höheren Grad der Abstraktion als Systemtheorie, Kybernetik oder Semiotik. Er nimmt deren Impulse auf, handelt von Ausdifferenzierung und Reproduktion, von Kontrolle und Regelung, von Zeichen und Zeichenprozessen. Gleichzeitig unterläuft er jedoch deren Abstraktion und handelt von konkreten Beobachtern. Man darf sich diese Beobachter zwar nicht als konkrete Individuen vorstellen, so als ginge es darum, deren subjektives Erleben und Bearbeiten von Welt zu erfassen. Die Beobachter, von denen im Folgenden die Rede ist, sind komplexe Amalgame aus organischen, neuronalen, mentalen und sozialen Zuständen,[6] eingebettet in Kulturen, Ökologien und Technologien, die auf kein einheitliches Maß, sei es der Geschichte, der Vernunft, des Bewusstseins oder des Lebens, zu bringen sind. Und doch treffen sie ihre Unterscheidungen hier und jetzt. Wenn auf etwas Verlass ist, dann auf die Indexikalität und Reflexivität ihres Handelns.[7] Was geschieht, geschieht hier und jetzt; und nichts geschieht, das nicht als Figur auf anderes, Früheres und Späteres, Wünschenswertes und zu Vermeidendes, Gewisses und Ungewisses bezogen ist. Darin liegt der Realismus jeder Form, der nichts mit einer Abbildung und sehr viel mit selektiven Zugriffen zu tun hat, deren Stil sozial, kulturell und ästhetisch gebunden ist und immer wieder neu bewährt werden muss.[8] Dasselbe gilt für die Beobachtung dieser Beobachter. Auch sie kann nur konkret vollzogen werden und folgt ihrerseits einem Stil, der sich seiner nur selten selbst bewusst ist.[9]

Der folgende Text ist weder eine Gebrauchsanweisung noch eine Theorie der Form. Stattdessen versucht er, an einer Sensibilität zu arbeiten und eine Notation zu plausibilisieren. Die Idee des Katjekts, die er vorstellt, ist selbst eine Ableitung. Sie zählt darauf, in einer Praxis erprobt zu werden. Die Arbeit mit und an einem Katjekt beginnt, wenn sich jemand an eine Tafel stellt, eine Unterscheidung notiert und zusammen mit anderen den Versuch unternimmt, diese Unterscheidung in die Voraussetzungen ihrer eigenen Form zu entfalten.

Das Wort selbst, ›Katjekt‹, ist ein Neologismus und benennt eine sich kategorial zugrundeliegende und gegenüberstehende Form. Weder Subjekt noch Objekt, ist das Katjekt dennoch beides. Im deutschen Idealismus war das Problem der Beziehung zwischen Subjekt und Objekt, von Descartes in res cogitans und res extensa allzu radikal getrennt, ungelöst geblieben, nachdem Kant ausgerechnet im Rahmen einer Erkenntnistheorie der Naturwissenschaften das Subjekt an den unbedingten Anfang aller Erkenntnis gesetzt hat und Hegel ausgerechnet den Geist, wenn auch strikt im Verhältnis zu sich selbst, wieder objektiviert hat. Nietzsche hatte vorgeschlagen, statt von Subjekten und Objekten, beide unentscheidbar daran gebunden, dass *entweder* Subjekte auf Objekte *oder* Objekte auf Subjekte »wirken«, von »Complexen des Geschehens« zu sprechen, die sich allenfalls durch ihre zeitliche Dauer unterscheiden.[10] Daniel Defoe hatte bereits ›Projekte‹, Alfred North Whitehead ›subjects-superjects‹ und Peter Fuchs ›Unjekte‹ ins Spiel gebracht, aber damit war das Problem eher benannt als gelöst. Projekte werden verdächtigt, die bewährte Ordnung zu stören, während man gleichzeitig ihren unternehmerischen Geist bewundert.[11] Im Subjekt-Superjekt begründen auf einen Nexus vorgreifende Entscheidungen, wie das Ganze auf seine eigene, innere Determination reagiert.[12] Und im Unjekt gibt ein System zu erkennen, dass es die (soziale) Umwelt nicht sein kann, die ihm (psychisch) zugrunde liegt.[13] Aber jedes dieser -jekte müsste zu einem Katjekt entfaltet werden, um zeigen zu können, wie man sich die gemeinten Sachverhalte jeweils vorstellen kann.

Etwa so:

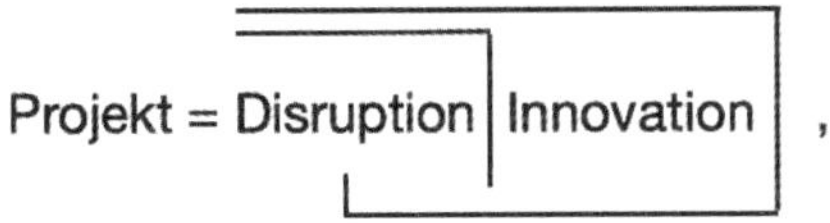

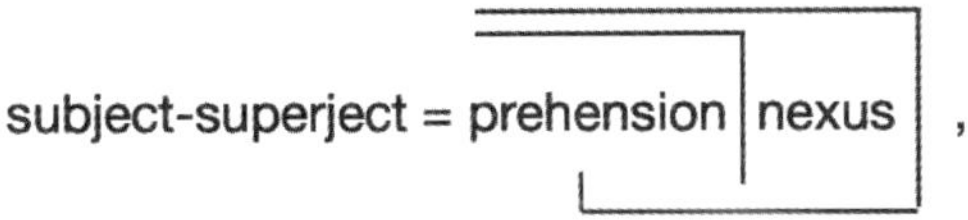

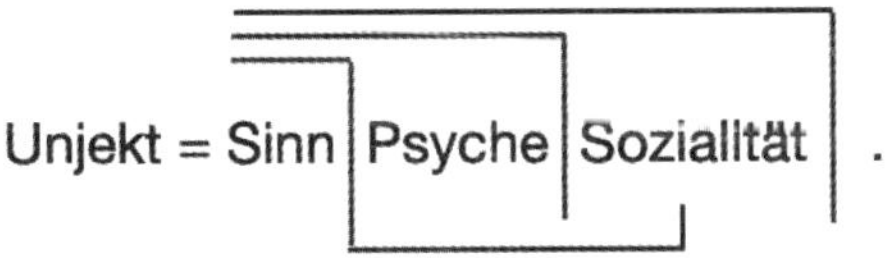

Modelliert als Katjekt, gewinnt man eine neue Ebene der Formulierung und Überprüfung einer These im Medium der von ihr behaupteten Inhalte und Unterscheidungen.

In Überlegungen zur Künstlichen Intelligenz ist ebenfalls nicht mehr von Subjekten und Objekten, sondern von *blogjects*, *codejects* und *logjects* die Rede, die Anregungen einer nicht weiter bestimmten *agency* aufnehmen, um Objekte im Netz zu platzieren:[14]

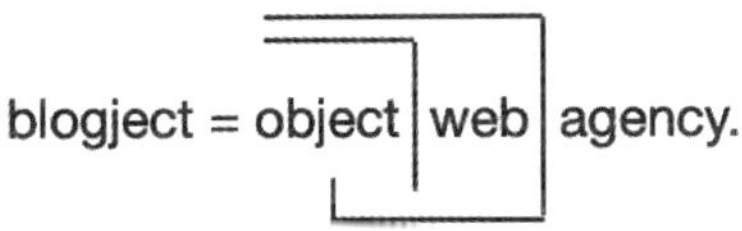

›Jetties‹ aller Orten, hatte Jacques Derrida diagnostiziert,[15] Anlegestellen für eine komplexe Selbstorganisation. Katjekte ziehen die verlässlichste aller Lehren aus der Wissenssoziologie, nämlich die Einsicht, das Wissen, gewonnen aus Unterscheidungen, nicht nur relativ und perspektivisch, sondern vor allem partikular zu denken ist.[16]

Mit den Kategorien der Philosophie hat das Katjekt gemein, dass es ›Anklage‹ (im Sinne eines Gerichts, das man anruft und dem man sich stellt), ›Aussage‹ und ›Eigenschaft‹ in sich vereint. Spruch und Urteil gilt es mit Plädoyers herauszufordern und dann abzuwarten. Heidegger hat hervorgehoben, dass für Aristoteles Kategorien nicht gegeben, sondern hergestellt sind und somit auf diejenigen, die mit ihnen ordnen, mindestens so sehr verweisen wie auf das, was mit ihnen geordnet wird.[17] Nicht nur darauf, ihren Gebrauch, sondern auch darauf, diese Herstellung in den Blick zu nehmen, käme es an, um so etwas über die ›Umwelt‹ zu erfahren, in der sie ihren Sinn entfalten.[18] Hatte Platon noch auf die Unwägbarkeiten der Wirklichkeit hingewiesen, um ihnen ewige Ideen (oder ›Formen‹) entgegenzusetzen, so betrachtete Aristoteles ›Kategorien‹ als Unterscheidungen, die sich einer menschlichen Praxis der Rede, der Vernunft und des Verstandes verdanken.[19] Von einer ›historischen‹ Praxis der Menschen, wie sie erst Giambattista Vico herausstellt und Karl Marx in seinen Feuerbach-Thesen bekräftigt,[20] war noch keine Rede.

Mit den Kategorien der Mathematik wiederum hat das Katjekt gemein, dass das Katjekt als ein Morphismus zu verstehen ist, der ein Form in sich selbst verwandelt.[21] Unter dem Kalkül liegt die Drift. Im Katjekt bündelt sich eine Beobachtung. Deswegen kennt das Katjekt keinen

Stillstand, sondern allenfalls einen ›event loop‹,[22] den es in den Auseinandersetzungen mit dem, was kommt, dazu nutzt, die eigenen Zustände zu überprüfen. Katjekte sind Karten (›maps‹) der Sachverhalte, die sie generieren, konstruieren und in Bewegung halten, um so zu Karten ihrer selbst zu werden. Nur der Blick auf die Außenseite der Form vermag das eine vom anderen zu unterscheiden. Wenn sich auf der Außenseite nichts tut, im Moment nichts tut, fällt das Katjekt in sich zusammen.

Katjekte sind Ausdrücke im Formkalkül. Sie notieren Beobachtungen von Beobachtungen, in denen ein Inhalt *a* von einem bestimmten oder unbestimmten Inhalt *b* unterschieden wird und dieser Unterschied zur Bezeichnung von *a* in einem Kontext *c* mitverwendet wird. Die Notation im Formkalkül von George Spencer-Brown erlaubt es, diesen Ausdruck anzuschreiben und zu interpretieren:[23]

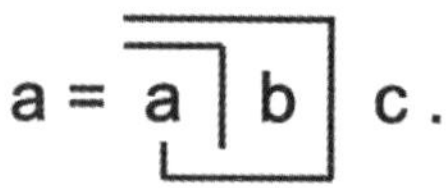

Die Identität von *a* wird übersetzt in die Differenz von *a* innerhalb der Form seiner Unterscheidung. Die ›Spencer-Brown-Transformation‹ setzt Beobachtungen erster Ordnung, die sich für einen Inhalt *a* interessieren, in ein Verhältnis zu Beobachtungen zweiter Ordnung, die die Bezeichnung und Unterscheidung dieses Sachverhalts im logischen Raum ihrer Möglichkeit, dem Raum der Rede (*logos*), ihrer ›Form‹ reflektieren.[24]

Das Gleichheitszeichen ist eine Setzung durch eine Beobachtung zweiter Ordnung, die die Identität der beiden (erkennbar verschiedenen) Termini auf den beiden Seiten der Gleichung behauptet. Der Inhalt *a*, so behauptet das Gleichheitszeichen, ist nichts anderes als die Setzung von *a* im Unterschied zu *b* im Kontext von *c*. Das Gleichheitszeichen ist somit selbst das Ergebnis einer Beobachtung, abhängig von einer Unterscheidung: Der Inhalt *a* wird unterschieden von und gleichgesetzt mit der Form seiner Setzung. Das Gleichheitszeichen kann sich als falsch herausstellen. Der Inhalt *a* bestimmt sich nicht oder anders. Die Beobachtung und mit ihr der Beobachter müssen neu ansetzen.

Das *cross*, ⌉, markiert die Operation einer Unterscheidung. Zunächst unterschieden und dann markiert wird ein Raum, in dem diese Operation möglich ist. Der Markierung, die Spencer-Brown erst im zweiten Kapitel seines Buches einführt,[25] gehen, so das erste Kapitel, die Idee einer Unterscheidung und die Idee einer Bezeichnung voraus, die ihrerseits ein Motiv voraussetzen, Inhalte in ihrem Wert zu unterscheiden: »There can be no distinction without motive, and there can be no motive unless contents are seen to differ in value.«[26] Wird das *cross* notiert, ist demnach schon viel passiert. Ein Beobachter zieht Grenzen. Er zieht sie so, dass ein Punkt auf einer der beiden Seiten die andere Seite nicht erreichen kann, ohne die Grenze zu kreuzen.[27] Möglicherweise wird es im Kalkül der Form genau darauf ankommen: auf den Punkt auf einer der beiden Seiten und auf die Frage, wann und wie er die Grenze kreuzen kann. Man denke an eine Entscheidung, die die Alternativen einschließt, die sie ausschließt. Außerdem ist es die Erkundung des von der Unterscheidung erschlossenen Raums, die eine Rolle spielt. Hat der Raum eine höhere Dimension als die Grenze (etwa eine Kugel im Verhältnis zu einer Linie), kann der Punkt die andere Seite erreichen, ohne die Grenze zu kreuzen. Dann sind die ausgeschlossenen Alternativen ein Teil dessen, wofür man sich entscheidet. Man denke an ein Unternehmen, das Entscheidungen ermöglicht, damit Alternativen in den Blick kommen.

Alle Werte einer Form hängen davon ab, dass und wie (nämlich: reflexiv im Hinblick auf die expliziten und impliziten Kontexte der Unterscheidung) die Operation der Unterscheidung aktuell vollzogen wird. Sie generiert einen Raum, der andernfalls unbezeichnet bliebe. Die Welt der Inhalte wird nicht als gegeben angenommen und kategorial nur noch sortiert, sondern sie wird durch entsprechende Bezeichnungen, Unterscheidungen und Beobachtungen allererst als solche ins Leben gerufen und konstruiert.

Die Abhängigkeit einer Bezeichnung von einer Unterscheidung, einer Identität von einer Differenz bedeutet ferner, dass das *cross* als Negativitätsoperator verstanden wird, der einen Unterschied als einen Zusammenhang markiert. Die beiden Seiten einer Unterscheidung negieren *und* implizieren einander.

Im Rahmen der Sprache eines Aussagenkalküls interpretiert Spencer-Brown den Ausdruck

$$\overline{a\;}|$$

als *nicht-a* (~a) und den Ausdruck

$$\overline{a\;}|\; b$$

als *a impliziert b* (a ⊃ b).[28] Der Negativitätsoperator ist ein Implikationsoperator, der ein nicht mehr binäres, sondern generatives und darüber hinaus reflektierendes Verständnis der Negation voraussetzt.[29] Die Form einer Unterscheidung wird durch Zusprüche, Einsprüche und Widersprüche insofern konditioniert, als sie Kontexte aufrufen, die andernfalls unberücksichtigt bleiben. Es geht um ein Verwerfen, das den verworfenen Term erhält und so, folgt man Julia Kristeva,[30] jenseits der Logik einen ›poetischen‹ Raum, einen Raum der *poiesis*, der Herstellung, eröffnet, in dem Formen des nicht notwendig harmonischen, aber vielfach symbiotischen Zusammenspiels zwischen den bezeichneten und unterschiedenen Inhalten erkundet werden. Der Negativitätsoperator wirkt in beide Richtungen. Die Implikation impliziert eine Rückkopplung. Das *cross* ist eine Oszillation, die Spencer-Brown mit der Funktion der imaginären Zahl *i = -1* in einem elektrischen Schaltwerk vergleicht.[31] Die aufeinander bezogen, einander motivierenden und kontextualisierenden Inhalte *a* und *b* erhalten ihre bewegliche Identität aus einer Relation, die ein Beobachter so oder anders einschätzt. Die Identität von *a* wird in die Nicht-Identität von *a* übersetzt, um *a* auf *b* und den Raum seiner Unterscheidung und Beobachtung zu beziehen.

Dieses dialektische Verständnis der Form kommt in der Operation des *re-entry*, □ , zum Ausdruck.[32] Diese Operation führt die Unterscheidung in ihre Form wieder ein. Zusätzlich kann markiert werden, an welcher Stelle eine Unterscheidung in die Form wiedereingeführt wird. Alle

Differenzen und Unterscheidungsoperationen, die unter einem *cross* stehen, werden zusammen mit der Außenseite des jeweiligen *cross* an der markierten Stelle in die Form wiedereingeführt und dort reflektiert. Das *re-entry* verweist auf seine Außenseite und führt diese Außenseite als Außenseite der Form in denjenigen Inhalt im Kontext weiterer Inhalte wieder ein, den es bezeichnet. Das *re-entry* ist eine komplexe Operation der Konditionierung aller Inhalte, auf die es sich bezieht.

Katjekte erschließen einen ›logischen Raum‹ im Sinne Ludwig Wittgensteins,[33] in dem nicht nur sprachliche, sondern auch bildliche, akustische, rechnerische und weitere mediale Beobachtungen einen wechselseitig bestimmbaren Zusammenhang aufspannen, in dem sich Beobachtungen erster Ordnung bewegen, die von Beobachtungen zweiter Ordnung reflektiert werden. Hier kann es im Grenzfall auch um logische Richtigkeit gehen, doch typisch ist die Bewegung in einem Sprachspiel, das von allen Beteiligten auf Stimmigkeit und Anschlussmöglichkeiten überprüft wird.

Auf einer ersten Ebene sind die Inhalte, die eine Form motivieren, die Kontexte, in denen sie stehen, und der logische Raum, den sie im selben Zug eröffnen und in Anspruch nehmen, nicht zu unterscheiden. Die primitivste Form eines Katjekts könnte mit der Gleichung

$$a = a \quad b \quad c$$

angeschrieben werden. Doch damit wäre die Analyse der Form auch schon wieder beendet. Sie nähme die Form einer Liste an, mit der wenig gewonnen scheint, berücksichtigt man nicht zum einen, dass sie in einer traditionellen Identitätsmathematik falsch ist, und zum anderen, dass sie genau deswegen interessante Fragen einer für *a* notwendigen Kontextuierung von *a* aufwirft, das heißt *a* selbstreferentiell in Zuweisungen weiterer Werte verankert, die nicht *a* sind.[34]

Erst im Anschluss und auf einer zweiten Ebene wird es interessant, wenn eine Beobachtung zweiter Ordnung ihre eigenen Hypothesen bilden muss, mit welchen Motiven oder Anlässen, mit welchen durch Negation implizierten Kontexten und mit welchem logischen Raum der Bezüge, Einsprüche und Widersprüche sie es zu tun hat. Man bekommt es dann mit einem Katjekt zum Beispiel der folgenden Form zu tun, die mit einem doppelten *re-entry* arbeitet, das heißt auf der Ebene der Beobachtung zweiter Ordnung im Gegenstand eine mindestens doppelte Reflexion registriert:

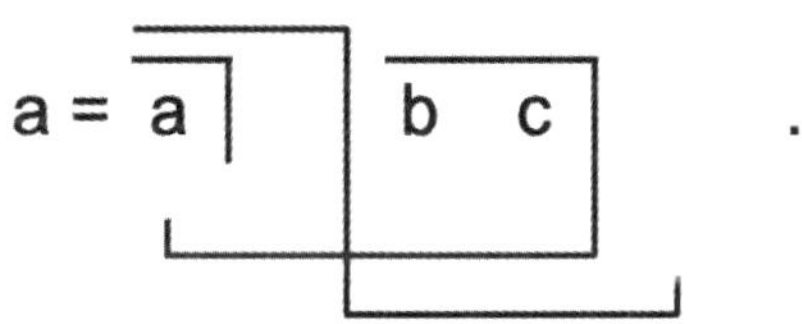

Ein Inhalt *a* wird verstanden als die Negation und Implikation eines leeren Raums, der als Differenz zu den Variablen *b* und *c* auf der Außenseite der Form in die Form wiedereingeführt wird und von dort den gesamten Inhalt *a* unter der Bedingung der Konditionierung von *a* durch *b* und *c* informiert. Theologinnen, Juristen, Buchhalter, Therapeutinnen, Dichterinnen, Maler und Komponisten, aber auch Köche, Winzer und Parfumeure sind mit solchen Formen vertraut, können sie jedoch nicht anschreiben.[35] Ronald D. Laing hat die Verwicklung menschlicher Beziehungen als ›Knoten‹ beschrieben,[36] die als Katjekte formalisiert werden könnten. Predigten, Gerichtsurteile, Therapien, Romane, Kompositionen und Rezepte, aber auch Organisationen, Institutionen und Familien sind Verwicklungen von Beobachtungen erster und zweiter Ordnung, die in der Praxis beherrscht, jedoch allenfalls partiell reflektiert werden.

Im Fall des Parfums gibt es immerhin Vorarbeiten. Dem Parfumeur Jean Charles (1882–1966) wird die Unterscheidung von Herznoten, Kopfnoten und Basisnoten zugeschrieben:

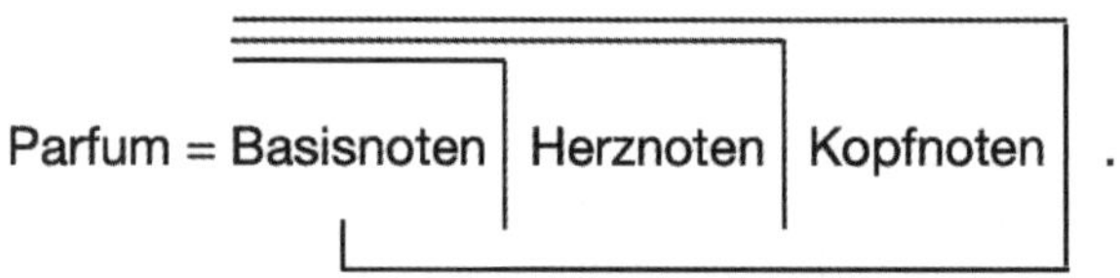

So hat das Parfum *Gris Montaigne* von Christian Dior die Kopfnote Bergamotte, die Herznoten Amber, Zeder und Rose und die Basisnoten Patschuli, Sandelholz, Eichenmoos, die zusammen gerochen werden, aber um zusammen gerochen zu werden, müssen sie als Auftakt, Verlauf und Fond unterschieden und so erst als Komposition wahrgenommen werden.[37]

An diesem Beispiel kann man studieren, wie wichtig es ist, anhand der Zahl der *crosses*, unter denen ein Inhalt jeweils steht, die ›Tiefe‹ des Raumes zu unterscheiden, in denen der Inhalt jeweils steht. Die Basisnoten stehen im tiefsten Raum *s3* (›s‹ für space); sie geben den durchgehenden ›Ton‹ ab, über dem die Herznoten in Raum *s2* und, noch freier, die Kopfnoten in Raum *s1* ›spielen‹.

Jürgen Dollase lässt sich für seine Theorie der Geschmackskurve von der Theorie elektronischer Musik anregen, in der der Verlauf klanglicher Erlebnisse als *attack, decay, sustain* und *release* (ADSR) beschrieben wird:[38]

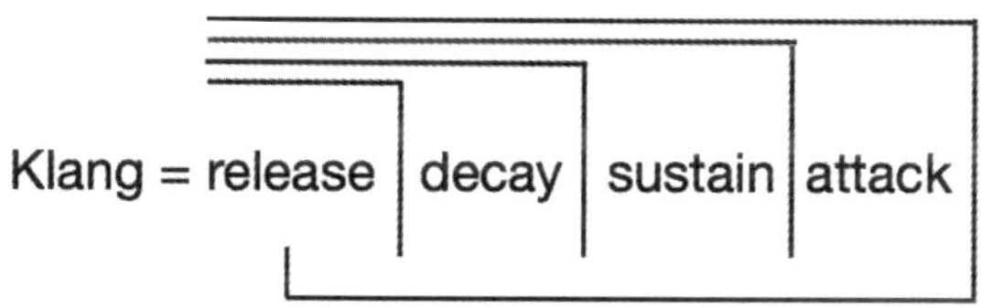

,

um die vier Phasen des Geschmackserlebnisses voneinander zu unterscheiden und in ihrem Unterschied, ihrer Form, aufeinander zu beziehen:[39]

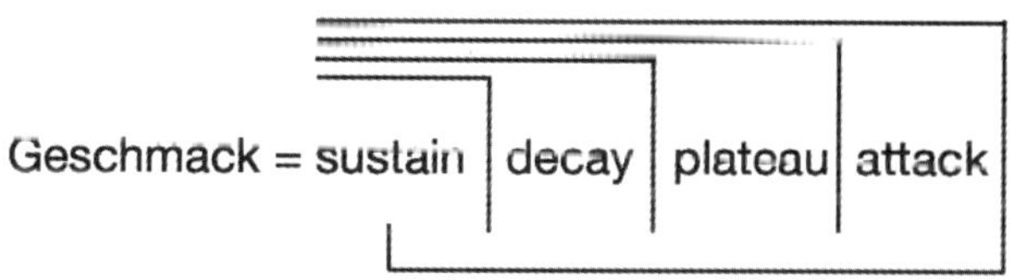

.

Die Formen des Klangs und des Geschmacks ebenso wie die des Parfums entfalten sich in der Zeit, sind jedoch auf den ›Zusammenklang‹ rekursiv und reflexiv ebenso angewiesen wie auf die unterscheidbaren Inhalte der Komposition, auch wenn Nase, Ohr und Gaumen ohne ein spezifisches Training nicht in der Lage sind, die zuweilen rasch aufeinander folgenden ›Noten‹ voneinander zu unterscheiden. Umso wichtiger ist der Gesamteindruck der Komplexität einer selbstreferentiellen, ihr Material organisierenden und ›bewegenden‹ Komposition, für die Nuancen, Kontraste und Übergänge wichtiger sind als benennbare Unterscheidungen.

Auch hier macht es einen Unterschied, in welchem Raum ein Inhalt notiert wird. Beobachtungen aus verschiedenen Perspektiven können hier variieren und zu jeweils anderen Entscheidungen kommen.

Der logische Raum, mehr ein Raum der Rede (*logos*) als der Unterscheidung richtiger und falscher Schlussfolgerungen (Logik), ist ein Raum, den Beobachtungen erster und zweiter Ordnung erkunden, bestätigen und variieren. Er ist ein Sprachspiel im Sinne Wittgensteins,[40] in dem Aspekte einer Situation einander ›kritisch‹, das heißt anfällig für Einwände und Korrekturen informieren. Und er ist ein Situationsspiel, in dem andere Sinne als die der Sprache eine Rolle spielen und Namen für Inhalte in den Hintergrund rücken, wenn sie nicht sogar ›geleert‹ werden müssen, um den anderen Sinnen Gelegenheit zu ihrer Entfaltung zu geben.

Katjekte bewegen sich auf der Ebene einer ›Modulation‹ der Form.[41] Sie sind Gleichungen zweiter und höherer Ordnung, die sich im Treffen von Unterscheidungen und in der Positionierung und Reflexion von Inhalten nicht erschöpfen, obwohl sie beide voraussetzen. Katjekte kalkulieren Inhalte und ihre Bilder in der Abhängigkeit von Unterscheidungen. Auf der Grundlage einer bestimmten Syntax, die sich gefunden hat und durchhält, modulieren sie die Semantik und damit auch die Pragmatik ihrer Inhalte. Spencer-Brown spricht für sein Formkalkül von einem *calculus of indications*, einem Kalkül von Hinweisen, Anzeichen, Anhaltspunkten, Anzeigen, Indikationen und Bildern von Inhalten, allesamt ungewisser als die so sicher scheinende ›Bezeichnung‹.

Entscheidend ist die Vorstellung einer konditionierten Koproduktion.[42] In der »Vorstellung der internationalen Ausgabe« aus dem Jahr 1985 heißt es: »*Kanon Null. Koproduktion: Was ein Ding ist, und was es nicht ist, sind, in der Form, identisch gleich.*«[43] Die in diesem Kanon enthaltene Negation ist implikativ, inklusiv, reflexiv zu denken, ohne den Unterschied der einen Seite im Verhältnis zur anderen Seite aus den Augen zu verlieren. Es geht um die Reflexion auf Voraussetzungen, Kontexte und Umstände (inklusive einer ›Gunst‹, aber auch ›Gefahr‹ der Umstände). Es geht um eine Reflexion auf die Differenz von Sachverhalt und ›Form‹ (vergleichbar Hegels und Adornos ›Begriff‹),[44] das heißt auf eine Nicht-Identität, die die der Sache selbst ist. Im Kanon Null bündelt sich die Einsicht des Kalküls von Spencer-Brown, dass die Unterscheidung, vermittelt über ihre Negativität, zugleich ein Zusammenhang ist.

Nicht nur entsteht das eine nicht ohne das andere, sondern mit jedem Zug ist das eine angewiesen auf einen Zug des anderen. Die Form der Unterscheidung erlaubt und erzwingt einen Kalkül der Inhalte. Jede der Unterscheidungen und Bezeichnungen ist eine Operation, das heißt ein »Übergang von einem Satz zum anderen,«[45] auch wenn der jeweils nächste Satz nichts anderes verändert als Nuancen, Aspekte in der wechselseitigen Konditionierung seiner Inhalte. Keine Bezeichnung ist unabhängig von allen anderen zu denken. Der Kalkül berechnet die Modulation der Inhalte in Abhängigkeit von allen anderen.

Der Aussagenkalkül möglicher Wahrheitswerte von Sätzen wird zu einem Spezialfall eines Kalküls, in dem sich der sprachliche Ausdruck der Bezeichnung eines Inhalts ihrer mathematisch-logischen Überprüfung allenfalls annähert. Dieser Kalkül erlaubt auch unabhängig von dieser Überprüfung ein Lesen zwischen den Zeilen, oder besser: ein Schreiben und Lesen entlang der Unterscheidung von Inhalten und ihren Bildern. Die Form wird zur ›medialen Form‹ ihrer selbst – wenn es erlaubt ist, einen Terminus der deutschen Übersetzung eines Textes von Jacques Derrida aufzugreifen,[46] der im französischen Original als ›voix moyenne‹ (engl. ›middle voice‹) eine mediale Diathese bezeichnet, in der Subjekt und Objekt eines Satzes identisch sind: die Operation zum Operanden wird. »Klar /

dass alles mit einer Form beginnt«, heißt es bei Volker Sielaff,[47] der damit der Form einen sowohl aktiven wie passiven Staus zuschreibt. Mit der medialen Form wird die Frage, ob der Kalkül die Form eines untersuchten Gegenstands formalisiert, symbolisiert oder modelliert,[48] unentscheidbar. Er berechnet Berechnungen, die in einem semantischen Raum der Bestimmung von Inhalten und ihren Bildern stattfinden.

Spencer-Brown unterstreicht die Fähigkeit seines Kalküls, nicht nur zwei-, wie die Boolesche Algebra, sondern mehrstellige Operationen zuzulassen, das heißt mit Operatoren zu rechnen, die auf unbegrenzt viele Inhalte wirken.[49] Von Wiederholung zu Wiederholung und von Aufhebung zu Aufhebung kalkuliert ein Katjekt die Bedingungen seiner eigenen Möglichkeit im Medium von Beobachtungen. Kausalität wird ersetzt, so Luhmann, durch rekursive und reflexive Konditionierung.[50] Luhmann unterstreicht, dass Kalküle dadurch für sich selbst intransparent werden und dass diese Intransparenz produktiv ist, weil sie den Kalkül zur Suche nach Anschlussoperationen zwingen. Es muss etwas geschehen; und was geschieht, Komplexität vorausgesetzt, erfüllt eine bestimmte Form, verstanden als Berechnung ihrer selbst.

In Formen zweiter und höherer Ordnungen verliert sich der Kontakt zur gleichwohl vorausgesetzten Arithmetik und Algebra.[51] Dies bedeutet konkret, dass ein Ausrechnen der Form im Sinne ihrer arithmetischen Reduktion auf entweder den markierten oder den unmarkierten Zustand nicht mehr möglich ist. Die Form wird in diesem Sinne unbestimmt und kann nur noch imaginär, durch einen Ausgriff in die Zeit, gelöst werden.[52] Das ist der Zustand, der uns für ein Katjekt interessiert. Inhalte werden in ihre Form der Unterscheidung wieder eingeführt und dort in einer Operation der Resymmetrisierung zuvor asymmetrischer Unterscheidungen untereinander analytisch abgestimmt. Das Katjekt schwingt zwischen Oszillation und Gedächtnis sowie zwischen *cross*, dem Treffen einer Unterscheidung, und *marker*, der Beobachtung einer Unterscheidung,[53] hin und her und erreicht so jenen ›geschwächten‹ Zustand, in dem im Rahmen einer bestimmten Syntax semantische und pragmatische Variationen möglich werden. Duale haben eine nur noch relative und situativ gestaltbare Bedeutung.[54] Sie verlieren ihre Eindeutigkeit und damit ihre ›Gewalt‹.[55] Sie werden zivilisiert; sie verlieren ihren starken, unverhandelbaren Sinn und werden biegsam, umsichtig und disponibel.

Umgekehrt wird auf der Ebene des Imaginären, das heißt der Verrechnung von Komplexität im mathematischen Sinne,[56] durch den Einbau von Zeit die Möglichkeit der Reflexion gewonnen. Rekursivität wird beobachtbar und damit ihrerseits produktiv. Wiederholungen fallen auf, ein Gedächtnis kann bezweifelt werden.[57] Im Imaginären wird die Kontinuität der mitlaufenden Wirklichkeit, die durch das Treffen von diskontinuierenden Unterscheidungen verletzt wird, wiederhergestellt, auch wenn dies nur durch neue Bilder, Formen und Gestalten geschehen kann, die sich vielfach als die alten herausstellen.[58] Die Subversion der Form durch die Form führt zu einer Form, deren wesentlicher Gewinn die Erfahrung ihrer Beweglichkeit ist.

Im Anfang ist weder das Sein noch das Nichts, sondern ein ›Werden‹ (Hegel),[59] ein ›Übergang‹ (Wittgenstein),[60] ein Wechsel von einem Zustand zu einem anderen, das strategische Kalkül einer Drift, reflektiert in einem mathematischen Kalkül der Form. Von einem ›Kalkül‹ (m.) ist hier zu reden, weil dieser Wechsel sich auf den beiden Ebenen der Zustände und des Übergangs gleich doppelt absichert. Er muss zurückfinden zu einem Zustand, so sehr auch dieser als Übergang zu fassen sein wird; und er muss als Übergang beide Zustände aufgreifen und beherrschen. Es gehört zu den ältesten Intuitionen der europäischen Philosophie, dass dies nur einer Operation der Schließung möglich ist, einer Monade.

Von einer Monade (*monás*, Eins und Einzelheit, lat. *singularitas*, im Unterschied zu *hen*, lat. *unitas*, Einheit) ist bereits bei Pythagoras die Rede. Sie wird als das Produkt, wenn nicht sogar die Fügung (*harmonia*), einer Grenze (*peras*) und des Unbegrenzten (*apeiron*) verstanden, das zu brechen verboten sei.[61] Platon greift diese Vorstellung des Seins einer Einzelheit im *Philebos* auf und spricht von den vier Arten des Seienden: dem Unbegrenzten, der Grenze, der Vermischung (*meixis*) und der Vernunft (*logos*).[62] Das Unbegrenzte ist ›Vieles‹, die Grenze ist ›gleich und zweifach‹, die Mischung ist »das gesamte Erzeugnis dieser beiden als *eines* setzend, das Werden zum Sein aus den mit der Grenze bewirkten Maßen«, und die Vernunft ist das ›Ursächliche‹ für die ersten drei.[63]

Man hat den Eindruck, dass hier die Form der Unterscheidung inklusive des Beobachters, der sie trifft, bereits ausgesprochen ist. Das Unbegrenzte ist nicht nur die Außenseite der Form, sondern auch der Raum, in dem sie getroffen wird, um ihn hervorzurufen. Die Grenze ist die Unterscheidung selbst. Die Mischung ist das, was sich auf den beiden Seiten der Unterscheidung als getrennt, aber zusammengehörend beobachten lässt. Und die Vernunft ist der sich kritisch und skeptisch selbst setzende Beobachter. Vermutlich ist die Grenze zugleich das Begrenzte, das vom *telos* Eingefasste und Bezweckte, so dass die Innenseite der Unterscheidung mitgemeint ist. Es fehlt ein Begriff für die Selbstreferenz der Operation, die durch die Annahme eines Logos subsituiert wird, der jener der Sache und der Rede zugleich ist – oder mindestens einer Rede, die einer Sache, wenn die Götter es wollen, auf die Spur kommen kann.

In *Über die Seele* spitzt Aristoteles die Problemstellung zu, indem er zwischen der Zahl und dem Sein unterscheidet. »Ist das Unterscheidende also zugleich zwar der Zahl nach ungeteilt und ungetrennt, dem Sein nach aber getrennt? Es gibt daher eine Weise, in der das Geteilte die geteilten (Wahrnehmungsgegenstände) wahrnimmt, es gibt aber auch eine Weise, in der es ungeteilt ist. Denn dem Sein nach ist es geteilt, dem Ort und der Zahl nach jedoch ungeteilt. Oder ist dies nicht möglich?«[64] Mit Spencer-Brown würde man im ersten Moment umgekehrt vermuten: Das Seiende ist dem Sein nach ungeteilt, dem Ort und der Zahl nach jedoch geteilt. Aber Aristoteles' Formulierung ergibt mindestens ebenso viel Sinn. Denn Ort und Zahl, als Teilungen, machen auf das Ungeteilte, das ihnen vorausliegt, aufmerksam, während das Sein, als ungeteilt vorausliegendes, geteilt sein muss, damit eine Unterscheidung an ihm und in ihm greifen kann. Ohne diese Paradoxie ist der Anfang nicht zu denken. Einen Kalkül zu entwerfen, bedeutet, sich unter den Bedingungen dieser Paradoxie in diesem Anfang zu bewegen. In der Vielheit einer Monade vereinen sich diskrete Zahl und kontinuierliche Größe zur Analogie eines Seienden.[65]

Aristoteles legt ebenso wie Platon Wert darauf, nicht das Sein oder das Nichts, sondern die Vernunft, *logos*, und den Verstand, *nous*, für die Ursache dieser Verwirrung zu halten. Dort hat sie ihren Sitz und dort kann sie nicht nur kontrolliert, sondern auch zu weiterer Erkenntnis entfaltet werden. Wer immer über die Substanz der Dinge nachdenke, stoße auf diese Vernunft und käme nicht umhin, die Substanz als Form auszusprechen, in der die Vernunft von den Dingen handelt. Die Substanz ist »das, was von der jeweiligen Sache aufgrund ihrer selbst ausgesagt wird,«[66] – mit doppeltem Akzent auf ›aufgrund ihrer selbst‹ *und* über sie ›ausgesagt‹.

Wenn Gottfried Wilhelm Leibniz in seiner *Monadologie* zur Substanz-Metaphysik des Aristoteles zurückkehrt,[67] bekommt er es mit dem Erbe dieser Vernunft-Metaphysik zu tun. Nicht unbeeinflusst vom Satz der Kabbala, dass nichts aus nichts geschaffen werden kann,[68] schreibt er der Monade eine innere Zweckursache (Entelechie) zu, kann deren Grund jedoch nur in der göttlichen Schöpfung und deren Wirken nur in der prästabilierten Harmonie verankern.[69] Nach außen abgeschlossene Einheit, nach innen Repräsentation der Vielheit des Universums,[70] ist die Monade ein ›Mikrooperator‹,[71] der nichts anderes zu tun hat, als seinem ›Appetit‹ zu folgen und seine meist ›verworrenen‹ Perzeptionen nach Kräften ›geistig‹ zu klären.[72] Wie kann man sich eine Einheit vorstellen, so Leibniz' mathematische Ausgangsfrage,[73] die größtmögliche Ordnung bei größtmöglicher Verschiedenheit realisiert?

Man hat vermutet, dass die *Monadologie* Leibniz' exoterischer Hinweis auf seine esoterische Lehre sei.[74] Man weiß, wie sehr Leibniz seine Schriften adressatenspezifisch zu formulieren pflegte, einerseits auf der Hut vor der Kirche und ihrer Inquisition und andererseits aus Rücksicht auf die vorherrschende Philosophie des ›Empirismus‹ (John Locke), für die jede Erkenntnis auf Sinneserfahrung beruht und dementsprechend Vernunft und Verstand in sich nichts finden, was sich nicht einer Sinneserfahrung verdankt. Diesem ›système commun‹, das mit dem lateinischen Wahlspruch aufwartet, »Nihil est in intellectu quod non fuerit in sensu«, entgegnet Leibniz mit dem bereits damals geflügelten Wort »excipe: nisi ipse intellectus«.[75] Alles findet der Verstand in seinen Sinnen, nur nicht den Verstand selbst. Leibniz' ›système nouveau‹ vertritt daher die ›rationalistische‹ Auffassung, dass der Verstand sich selbst ›intuitiv‹ gegeben ist und dass dies auch für die Phänomene gelte, die er als Monaden beschreibt. Auch ihr Streben (*conatus*) und ihr Antrieb (*impetus*) ebenso wie ihre Perzeptionen beruhen auf einer tätigen, primitiven Kraft,[76] einer Entelechie, die mechanisch nicht zu erklären ist.[77] So gibt es »überhaupt nur Perzeptionen und deren Veränderungen in einer einfachen Substanz.«[78]

Um diese einfache Substanz geht es Leibniz in seiner eigentlichen Lehre. Er schützt sie, indem er in seinen veröffentlichten Texte eine gängige Philosophie voraussetzt, wesentliche Texte wie etwa die *Monadologie* weder veröffentlicht noch seinen Briefpartnern (etwa Bartholomäus Des Bosses) zugänglich macht und überdies in seinem Briefwechsel mit den Jesuiten der China-Mission behauptet, der Bestand der Welt verdanke sich nicht den Monaden, sondern einem ›vinculum substantiale‹, dem ›desmós‹, dem ›starken Band‹ des Platon (*Timaios* 31c, 41b), das die Körper durchaus gewaltsam (Aristoteles) zusammenhält.[79] Das Einzelne ist dann schon immer Teil eines Ganzen, das ihm vorausliegt und es hält. Leibniz hatte für den Vortrag dieser Auffassung vor allem diplomatische Gründe, wollte er doch die Jesuiten überzeugen, die chinesische Lehre von der Ordnung der Welt (禮, *Li*) für einen Vorgriff auf die christliche Schöpfungslehre zu halten, der nur die Offenbarung noch fehlt. Die Lehre von der prästabilierten Harmonie hätte so zu einer Lehre von der Möglichkeit des Friedens in der Welt werden können.[80] Michel Serres hält mit Christiane Frémont das *vinculum substan-*

tiale für den Abschluss der Philosophie des Leibniz, zumal mit der Vorstellung dieses Bandes die eucharistische und trinitarische Vorstellung von der die Schöpfung fundierenden Relation zwischen Gott, seinem Wort und dem Fleisch der Geschöpfe eingeholt werden konnte.[81]

Das mag sein. Immerhin entscheidet sich mit der Frage Monade oder Band, Labyrinth oder Pyramide auch die Frage, ob es bei einer hierarchischen Vorstellung des Aufbaus der Welt bleibt oder, modern, funktionale Abhängigkeiten auch ohne Hierarchie gedacht werden können. Ernst Cassirer hält Leibniz für einen der ersten Philosophen, die sich von der Idee einer extensiven, hierarchisch geordneten Mannigfaltigkeit lösen und nach den gestaltenden Funktionen, einem »Gesamtsystem von Betätigungen« innerhalb einer intensiven, heute würde man sagen: heterarchischen,[82] Mannigfaltigkeit fragen.[83] In seiner Mathematik der Infinitesimalrechnung hat Leibniz die traditionelle Auffassung bestätigt gefunden, dass ein Kontinuum, also so etwas wie der Zusammenhang der Welt, nicht aus Teilen besteht, die man dann für sich untersuchen könnte, sondern aus weiteren Kontinua,[84] so dass seine Monaden nicht für die Teile der Welt, sondern für ihre Teilbarkeit stehen.[85] Das schließt es aus, sie zu einem Ganzen zusammenzufassen. Die Idee der Monade benennt keine kleinsten Dinge, Inhalte oder Teile, sondern ein strukturelles Prinzip der Genese von Wirklichkeit: das Prinzip der Schließung dank der Ziehung einer Grenze in einem erst anschließend als unbegrenzt zu setzendem Sein. Die doppelte Kennzeichnung der Monade einerseits als fensterlos (»Die Monaden haben keine Fenster, durch die irgend etwas ein- oder austreten könnte«)[86] und andererseits als eine das Universum (wenn auch verworren und verzerrt) spiegelnde Wahrnehmung (von den ›kleinen‹ Perzeptionen der Sinne bis zur bewussten Erkenntnis und schließlich dem geistigen Nachvollzug der Architektur des Universums)[87] ist nicht die Lösung des Problems, sondern seine Benennung. Das macht die Idee der Monade zu einer mathematischen Aufgabe, die noch heute der Diskussion bedarf.

Michel Serres hat gezeigt, dass Leibniz' Annahme einer Kommunikation jeder Monade mit Gott die einstweilen mathematisch eleganteste Lösung der Aufgabe ist, weil sie den kürzesten Weg zwischen jeder einzelnen Monade und Gott an die Stelle der untereinander unmöglichen Kommunikation zwischen den unendlich vielen Monaden setzt.[88] Die Kommunikation mit Gott ist bereits die Kommunikation der unendlich vielen Monaden untereinander. Wenn Edmund Husserl den Monaden Fenster einbaut, um annehmen zu können, dass Subjekte einander ›erfahren‹ können,[89] löst er das Problem nicht, sondern multipliziert es. Interessanter wäre es, herauszufinden, was es heißt, so mit Gott zu kommunizieren, dass dies einer Kommunikation unter den Menschen gleichkommt. Welche Idee steckt hinter Husserls ›Erfahrung‹? Was heißt es, an die Möglichkeit einer diskursiven Verständigung zu glauben?[90]

Unverhandelbar war für Leibniz das Prinzip des zureichenden Grundes (›nihil est sine ratione‹).[91] Es ist identisch mit dem Satz einer universalen Intelligibilität oder auch mit dem Prinzip, dass in jeder wahren Aussage das Prädikat im Subjekt bereits enthalten ist.[92] Daher ist jede wahre Aussage ›analytisch‹, das heißt sie besteht in der richtigen Zuordnung von Prädikaten zu einem Subjekt – man könnte auch sagen: von Inhalten zu einer Form. Kants böses Wort, dass Leibniz sich die Phänomene zu Monaden ›intellektuierte‹ (während Locke, auch nicht viel besser, sie sich ›sensifizierte‹),[93] findet darin seine Berechtigung, dass Leibniz in der Tat keine Erkenntniskritik praktiziert. Ihm genügte es, um die Vielzahl der Perspektiven zu wissen, unter denen man sich dem ›Wunder‹ der Wirklichkeit nähern konnte.[94] Mit begrenztem Erfolg legte er mehreren europäischen Fürstenhöfen nahe, ein Theatrum naturae et artium zu bauen, in dem sich Hof und Volk in der ›intuitiven‹ Wahrnehmung dieser Wirklichkeit üben könnten.[95] Darin war nicht etwa eine Verletzung seines Satzes von den ›fensterlosen‹ Monaden beschlossen, wie Horst Bredekamp annimmt,[96] sondern die Aufgabe erst in aller Schärfe gestellt. Wie ist, wenn das Prinzip des zureichenden Grundes für die notwendigen Wahrheiten der Vernunft ebenso gilt wie für die kontingenten Wahrheiten der Tatsachen, die Substanz der Monaden zu verstehen?

Katjekte liefern auf diese Frage eine Antwort. Die Substanz der Monaden besteht aus der Unterscheidung von Inhalten, die sich zu einer Form konditionieren. Steckt in dieser These die Möglichkeit einer neuen Monadologie?

Die Substanz der Monaden ist als Operation der Schließung zu verstehen, die über den Vorgang der Erkenntnis ebenso viel aussagt (nämlich zunächst einmal nichts) wie über die Konstruktion eines beliebigen Gegenstands. Die Monaden, so sollte man nach Kant innerhalb einer Bewegung zurück zu Leibniz, »vom Bewusstsein zur Wirklichkeit«,[97] feststellen, »sind die kleinsten selbständigen Funktionseinheiten, in die sich die wahre Wirklichkeit zerlegen lässt und aus denen man sie sich als aus ihren Urelementen [ihrerseits endlos zerlegbar, DB] aufgebaut denken kann.«[98] Leibniz' Rückkehr zum Substanzbegriff von Aristoteles ist ein Vorgriff auf den Funktionsbegriff der Moderne, den man, wenn man will, in der aristotelischen Lehre von den vier Ursachen (effektiv, material, formal und final) bereits wiederfinden kann.[99] Eben deswegen ist es so wichtig, das ›Erleben‹[100] beziehungsweise den Logos, der selbst als Funktionseinheit verstanden werden muss, der Funktionseinheiten beschreibt, mit ins Kalkül zu nehmen. Denn wie sagt Wittgenstein? »(...) wer einen Satz ausspricht und ihn *meint*, oder *versteht*, (betreibt) damit einen Kalkül (...) nach bestimmten Regeln.«[101]

Die Form der Operation der Schließung ist überall dieselbe. Oszillierend zwischen Selbst- und Fremdreferenz greift sie zurück auf ihr eigenes Resultat. Das ist die Theorieform des Systems, die sich in Wissenschaft und Technik vielfach wiederfinden lässt.[102] Luhmann vermutet, dass sie der Anwendungsfall einer noch allgemeineren Form ist, »die der Evolution komplexer selbstorganisierender Systeme zugrunde liegt«, nämlich der »Überschussproduktion-und-Selektion« oder auch ›Inhibition-und-Desinhibition‹.[103] Eine Schließung, die einschließt, was sie ausschließt, ist das, was der Kalkül nicht erst zu berechnen, sondern zuvor zu beobachten, zu betrachten hat. Die Berechnung, jenseits der Betrachtung, ist nur der Beweis.

Der Raum, den die Unterscheidung erschließt, die die Schließung trifft, ist im Erleben des Bewusstseins und der Vernunft eine andere als im Gegenstand. Hier wie dort nehmen wir Messungen vor, wie man im Anschluss an die Quantenmechanik gerne sagt,[104] doch diese Messungen variieren nicht nur gemäß ihrer Perspektive im selben Raum, sondern auch gemäß des Raums, auf den sie sich berufen. Schon die Unterscheidung dieser Räume erfordert eine Vorentscheidung für einen Raum, so wie ein Text üblicherweise einen semantischen und syntaktischen Raum einnimmt und dort weitere Unterscheidungen trifft, die etwa physikalische, biologische, psychologische, soziologische oder technologische Fragen aufwerfen, ohne dass man sicher sein kann, damit Anhaltspunkte für Inhalte zu finden, die physischen, organischen, mentalen, sozialen oder technischen Räumen zugerechnet werden könnten.

Monaden sind Ideen und haben somit denselben Status wie Unterscheidungen, Inhalte, Formen und Räume. Sie sind Kalküle, wenn ihre Berechnung in Rechnung stellt, dass sie selbst bereits rechnen. In diesem Text, der Monaden als Kalküle vorstellt und Kalküle als Katjekte anschreibt, rechnen wir daher mit einer doppelten Schließung, mit einer ›objektiven‹ Schließung auf der Ebene des Gegenstands und einer ›subjektiven‹ Schließung auf der Ebene unserer Überlegungen. Werden die Unterscheidungen und Bezeichnungen im selben, zum Beispiel semantisch und diskursiv bestimmten Raum getroffen, rechnen wir zusätzlich mit der Möglichkeit einer wechselseitigen Beobachtung und somit mit der Verschränkung objektiver und subjektiver Perspektiven. Wir gewinnen einen ›Komplex‹, der jederzeit in die Differenz der Perspektiven auseinanderfallen kann. Aber wenn jede Idee, da sie »das Bild der Welt« enthält, wie Walter Benjamin unterstreicht, nur als Perspektive zu haben ist, ist sie genau deswegen eine Monade.[105] Es ist kein Zufall, dass Leibniz seine Idee der Monade in engem Kontakt zur Optik und Mikroskopie seiner Zeit entwickelte.[106] Das Wissen um die Schöpfung Gottes findet sich zwar in jeder Brechung eines Spiegels und in jedem Wassertropfen, aber doch auf äußerst spezifische und begrenzte Weise.[107]

Sowohl bei Leibniz als auch bei Spencer-Brown findet sich ein Hinweis auf ein Verfahren, das diesem Komplex angemessen ist, indem es der Verwirrung durch die doppelte Schließung aus dem Weg geht. Bei Leibniz heißt es, dass ein Kalkül als bloßes Rechnen mit Symbolen, das heißt ›taub und blind‹ (›caeca vel symbolica‹), ›leer von Anschauung und Empfindung‹ zu vollziehen sei.[108] Und

Spencer-Brown empfiehlt, auf jedes Gerede und jede Interpretation (GI, ›Gerede und Interpretation‹) zu verzichten und stattdessen Befehle zu befolgen und zu betrachten, was dabei herauskommt (BB, ›Befehl und Betrachtung‹).[109] Beide verlassen sich offenbar darauf, dass das bloße Rechnen zu einer Erkenntnis verhilft, die für sich selbst sprechen kann.

Um so wichtiger ist die Auswahl der Symbole und der Operationen, die mit Ihnen möglich sind. Nichts anderes ist ein Kalkül, eine rekursive Anwendung von Operationen auf die eigenen Rechenergebnisse. Von einer »definability by recursion« spricht Raymond M. Smullyan,[110] von einem »geordneten Quadrupel« aus einer Symbolik, inklusive eines ›leeren‹ Symbols, einer Menge möglicher Ausdrücke, einer Menge möglicher Sätze und eines Folgerungsbegriffs spricht Karl Schröter.[111] Der Folgerungsbegriff enthält die Rekursion, den Rückgriff des Kalküls auf die in seinen Symbolen definierten Voraussetzungen. In Spencer-Browns Kalkül der Form enthält das *cross*,  , später ergänzt zum Symbol des *re-entry*,  , bereits den ersten Ausdruck, die Notation einer Unterscheidung, und die Folgerung, die Markierung eines Raums, in dem die beiden Seiten der Unterscheidung bezeichnet werden können. Die beiden Gesetze der Form reduzieren wiederholte Unterscheidungen auf die wiederholte Unterscheidung (*law of calling*) und erzeugen durch Aufhebung der Unterscheidung den unmarkierten Zustand, die Leere (*law of crossing*).

Der Kalkül von Spencer-Brown arbeitet somit mit den Symbolen *cross*,  , Leere (*void*), , und *re-entry*,  , mit Inhalten wie *a*, *b*, *p*, *q*, *m*, *n*, und mit arithmetischen Ausdrücken wie 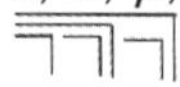 und algebraischen Ausdrücken wie 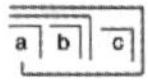 . Die ›Syntax‹ des Kalküls ist bestimmt durch das *cross*, das Räume markiert, Außenseiten bezeichnet und Innenseiten negiert. Und die ›Semantik‹ des Kalküls liegt in einem Gleichheitszeichen, von Spencer-Brown interpretiert als »is confused with«,[112] das einen zu bestimmenden Inhalt mit der Form gleichsetzt, die eine Vielfalt von impliziten und expliziten Voraussetzungen zur Einheit bringt.

Ein Kalkül, so heißt es,[113] rechnet nicht nur mit Zahlen und Funktionen, sondern mit Grenzen. Der Gegenstand einer Analysis ist die Limitationalität einer sich selbst bestimmenden und begrenzenden Form. Das ist im antiken ebenso wie im hegelschen Sinne wörtlich zu nehmen.[114] Formen sind nicht nur, was sie sind, und haben darüber hinaus ihre Grenzen, sondern sie realisieren sich *als* Grenze ihrer selbst und damit *im* Medium der Wiedereinführung der Grenze in die Form, das heißt im Medium der Beobachtung beider Seiten ihrer Grenze.

Spencer-Browns Kalkül der Form symbolisiert und operationalisiert die Schließung der Monade. Das Prinzip der Teilbarkeit, als ›zureichender Grund‹ für alles Weitere, wird hier zur ›distinction‹ als ›perfect continence‹.[115] Leon Conrad spricht zum Unterschied von der binären, booleschen Logik (0 und 1, ›Nothing‹ und ›Universe‹)[116] von einer

›unären‹ Operation der Unterscheidung,[117] eben weil sie einschließt, was sie ausschließt. Die Schließung ist zugleich eine Öffnung, aber eben eine Öffnung auf den unmarkierten, leeren Raum, den impliziten Kontext jeder Unterscheidung, den im Prinzip unendlichen Ergänzungsbedarf jeder Unterscheidung: *peras* und *apeiron*. Nimmt man eine Bezeichnung einer der beiden Seiten vor, ist dies bereits eine weitere Unterscheidung, eine weitere Operation, die auf eine ›Mischung‹ (*meixis*) stößt, eine Öffnung in einer Schließung. Die mathematische und philosophische Forschung hält hier Kontakt zu den frühesten Naturwissenschaften, nämlich zu einer ›Philosophie des Organismus‹, die bereits auf die Paradoxie gestoßen war, dass die Schließung (der Organismus als System) eine Öffnung (der Organismus in seiner Umwelt) voraussetzt.[118] Der Kalkül der Form symbolisiert, modelliert, operationalisiert und formalisiert die Grenze zwischen System und Umwelt.

Spencer-Browns Kalkül der Form ist auf vier Ebenen formuliert, die einander rekursiv voraussetzen. Auf der ersten, *primitiven* oder *axiomatischen* Ebene im ersten Kapitel des Buches *Laws of Form* werden die Ideen der Unterscheidung und der Bezeichnung eingeführt. Das zweite bis fünfte Kapitel entwickeln auf einer zweiten Ebene die *Arithmetik* des Rechnens mit Unterscheidungen entsprechend den beiden Gesetzen des Aufrufs und des Kreuzens von Unterscheidungen. Das sechste bis zehnte Kapitel ergänzt auf der dritten Ebene eine *Algebra* des Rechnens mit Bezeichnungen oder ›Inhalten‹ der Unterscheidungen. Und im elften und zwölften Kapitel entwickelt Spencer-Brown auf einer vierten Ebene die *Analysis* seines Kalküls, das heißt sowohl den rekursiven Grundgedanken des Kalküls als auch die mathematische Theorie des Kalküls als einer operativen Mathematik, die selbst erzeugt und beweist, was sie behauptet: ›Befehl und Betrachtung‹.[119] Denn so lautet der letzte Satz des Kalküls: »We see now that the first distinction, the mark, and the observer are not only interchangeable, but, in the form, identical.«[120]

Allerdings gilt bereits für die ersten Kalküle der Mathematik, die Newton und Leibniz als Differential- und Integralkalküle innerhalb einer Infinitesimalmathematik entwickelt haben, dass sie nicht ohne Anlässe in einem praktischen Zusammenhang erfunden werden. Newtons und Leibniz' Kalküle halten die Entdeckung fest, dass Ableitungen auch von nichtlinearen Funktionen möglich sind, und erforschen die Voraussetzungen dieser Ableitungen im Zusammenhang des Rechnens mit unendlich kleinen Größen, die dem Verlauf nichtlinearer Funktionen in jedem Punkt folgen können.

Auch bei Spencer-Browns Entwurf eines Formkalküls lag ein solcher Anlass vor, nämlich der Einsatz imaginärer Werte bei der Konstruktion einer Zählmaschine für British Railways und damit einhergehend die Erkenntnis, dass in den Ingenieurwissenschaften funktioniert, was in der Mathematik oder mathematischen Logik seit Bertrand Russells und Alfred North Whiteheads *Principia Mathematica* verboten ist: das Rechnen mit Selbstreferenz. »Whatever involves *all* of a collection must not be one of the collection«, lautet eine Version dieses Verbots, das zur sogenannten Typentheorie ausgebaut wurde.[121] Der Kalkül einer Form, die sich selbst enthält, verstößt gegen dieses Verbot. Zwar verliert sich diese Form in ihrem eigenen, unendlichen Raum, aber sie rechnet! Spencer-Brown hat einen Kalkül vorgelegt, in dem Paradoxien nicht nur erzeugt, sondern auch aufgelöst werden können. Die Wiedereinführung einer Unterscheidung in die Form einer Unterscheidung lässt ›unbestimmt‹ (*indeterminate*) werden, was im Hinblick auf die beiden Seiten der Unterscheidung klar bestimmt war.[122] Die Unterscheidung beginnt zu oszillieren und öffnet sich auf diese Weise nicht mehr im Raum, sondern in der Zeit mit neuen, klärenden Unterscheidungen – für die sich im nächsten Schritt dieselbe Problematik wiederholt.

Man kann nur darüber spekulieren, warum Spencer-Brown dort ein logisches Problem sah, wo die Ingenieurwissenschaft bereits mit Lösungen rechnet. Möglicherweise spielt seine Bekanntschaft mit Ludwig Wittgenstein ebenso eine Rolle wie jene mit Ronald D. Laing.[123] Aus dieser Bekanntschaft, ganz zu schweigen vom ›wilden‹ London der 1960er Jahre, ergibt sich ein tiefes Verständnis nicht nur für mathematische, sondern auch für sprachliche und kommunikative Problemstellungen. So oder so ist mein Eindruck, dass Spencer-Browns Kalkül Rechenregeln formuliert, die insbesondere dort passen, wo man es mit den imaginären Werten der Kommunikation zu tun hat. Ein Kommunikationsbegriff, wie er in der Auseinandersetzung mit Claude E. Shannons Signaltheorie der Kommunikation entwickelt worden ist und in der Forschung zu Interaktion und Konversation zumindest mitläuft,[124] hat es laufend mit Unterscheidungen zu tun, die getroffen und aufgelöst, behauptet und abgeschwächt, negiert und reflektiert werden und nicht ins Belieben eines Einfalls gestellt sind (das auch), sondern mit jeder Folgerichtigkeit das Ergebnis einer Situation in der Auseinandersetzung mit einer Geschichte im Kontext einer Begegnung, eines Zusammentreffens sind. Hatte Shannon seinen probabilistischen Kommunikationsbegriff nur unter der Voraussetzung eines technisch gegebenen Alphabets möglicher ›Nachrichten‹ (Buchstaben) formulieren können, so arbeiten Soziologie und Anthropologie mit einem Sinnbegriff möglicher ›Nachrichten‹ (Sätze, Gesten, Bilder, Töne), deren Kontext nicht vorab gegeben ist, sondern mit jeder Mitteilung, mit jeder Information, mit jedem Verstehen neu konstruiert werden muss.[125] Spencer-Browns Kalkül macht beobachtbar, dass kommunizierte Unterscheidungen das Ergebnis einer Situation sind, die sie selbst schaffen. Die Rekursion liegt auf der Hand und führt zur Reflexion, sobald sie auffällt.

Spencer-Browns Kalkül beschreibt, mit anderen Worten, die Situation einer Kommunikation, aber auch die Kommunikation einer Situation. Auf seiner vierten Ebene, der Ebene einer Analysis, handelt er von Beobachtungen zweiter Ordnung, die sich so um sich selbst drehen, wie man es von einer Monade nicht besser erwarten kann. Die axiomatische Ebene des Treffens einer Unterscheidung, ihre Arithmetik und Algebra laufen immer mit, aber es ist die Analysis, die der soziologischen Intuition entspricht, dass Kommunikation nichts anderes ist als die Erprobung imaginärer Werte. Kommunikation ist die Erprobung einer Freiheit im Raum einer Schließung.

Der Raum einer Schließung ist durch die Unterscheidungen, die ihn generieren und erkunden, nur unzureichend bestimmt. Seine anfängliche Leere, zu der sich jede Unterscheidung im Verhältnis der Nachträglichkeit bestimmt,[126] ist immerhin ›empfänglich‹ für Unterscheidungen, wie die chinesische Weisheitslehre ebenso wie jede Medientheorie seit Aristoteles notiert haben.[127] Innerhalb eines Kalküls der Form erscheint dieser Raum als das Medium, aus dem Formen gewonnen werden können und in die sie wieder zerfallen.[128] Es ergibt daher Sinn, nicht nur von einem Kalkül der Form, sondern von einem Kalkül der Unterscheidung von Medium und Form zu sprechen. Maren Lehmann bezeichnet ihn als »den ersten soziologischen Kalkül in einem strengen Sinne«.[129] »Kommunikationssysteme konstituieren sich selbst mit Hilfe einer Unterscheidung von Medium und Form«, liest man bei Luhmann.[130] Medien, »für sich selbst meist ›Nichts‹«,[131] definieren jenen analogen, kontinuierlich mitlaufenden Raum, in dem Unterscheidungen von Dingen und Formen getroffen werden können, die sich von diesem Raum nicht nur abheben (wie in der Vorstellung von ›Figur und Hintergrund‹[132]), sondern ihn darüber hinaus auch verstellen, dem Blick entziehen, unbeobachtbar machen. Auf diese Unbeobachtbarkeit reagiert seit jeher, wenn auch vergeblich, die Kunst.[133]

In der Monadologie von Gabriel Tarde findet sich für diese analogen Aspekte der Konstitution von Monaden die Formulierung, dass Monaden nicht nur einfach ›sind‹, sondern einander ›haben‹.[134] »Au lieu du fameux cogito ergo sum, je dirais volontiers: ›Je désire, je crois, donc j'ai‹.«[135] Nicht um das Werden und Vergehen gehe es der Monade, wie man ›jenseits des Rheins‹ anzunehmen tendiert, sondern um Gewinn und Verlust, Erwerb und Verwertung. »Exister, c'est différer«, schreibt Tarde,[136] aber diese Differenz, die jede Monade unterschiedlich zählt, gilt analog für alle Monaden. Bei Tarde wie bei Leibniz ist die Monade eine Sphäre, ein Milieu und Kosmos,[137] in die sie als ›Komplikation‹ eingeschlossen ebenso wie in ihnen ausgeschlossen ist.[138]

Monaden sind Kalküle, die beschreiben, wie diskontinuierliche Elemente aus einem kontinuierlichen Sein gewonnen werden können.[139] Dieses Sein ist bei Tarde jedoch nicht mehr das einer prästabilierten Harmonie, sondern einer reziproken Abhängigkeit der Inhalte, deren allen gemeinsame Substanz nichts anderes als ihre eigene, ungreifbare Gesamtheit ist. Die Imitation gilt nicht mehr Gott, sondern einander. In der Rivalität, die deswegen jeden ›sozialen‹ Prozess verlässlicher grundiert als alle Moralität,[140] behält sie ihren Status einer fundierenden Differenz.

Monaden sind Kalküle. Sie verschränken Form und Medium. In der Konsequenz bedeutet das, wie bereits Leibniz festgehalten hat, dass sie »nur auf einen Schlag (›tout d'un coup‹) beginnen oder enden können«.[141] Sie sind, so begründet Leibniz diese Idee, nichts Zusammengesetztes, das mit Teilen beginnen oder endet, sondern die Form der Teilung, der Brechung, der Faltung selbst. Katjekte stehen unter dem Anspruch, diese ebenso überraschende wie unwahrscheinliche Selbständigkeit, diese Schließung im Medium ihrer Voraussetzungen zu notieren und abzubilden. Deswegen sind Katjekte eine Methode zur Formalisierung einer Komplexität, wenn unter ›Komplexität‹ die Eigenschaft eines Phänomens verstanden werden darf, Einheit und Vielfalt zugleich zu sein.[142]

Immerhin gibt es für diese Schlagartigkeit des Entstehens (wenn auch nicht: des Verschwindens) einige aufschlussreiche Beispiele, die sich als Vorlagen für die Konstruktion von Katjekten, verstanden als Funktionen ihrer selbst, eignen. Wörtlich spricht Claude Lévi-Strauss davon, dass die Sprache »nur auf einen Schlag« habe entstehen können, denn die Dinge könnten nicht »allmählich« an Bedeutung gewinnen.[143] Es gibt keine ›einfache‹, sondern nur die ›komplexe‹ Sprache; sie kann nur entstehen, wenn sie das Referenzproblem löst, also zugleich Dinge bedeutet und Sprache bleibt, ›langue‹, nicht nur ›parole‹.[144] Aber dasselbe gilt für *Waren*, Tauschwerte *und* Gebrauchswerte im Medium ihrer gesellschaftlichen Differenz,[145] für *Gedanken*, unbestimmt (›leer‹) *und* bestimmbar im Medium der Intentionalität,[146] für *Zahlen*, jeweils *ein* Etwas im Medium des Vielen,[147] für *Information*, Nachricht *und* Auswahl aus einem Bereich möglicher Nachrichten,[148] für *Handlungen*, materiell, organisch, psychisch, sozial *und* kulturell bestimmt,[149] für *Kommunikation*, Mitteilung, Information *und* Verstehen,[150] oder nicht zuletzt für die Teilchen der Atomphysik, die ohne ihre Interaktion nicht sein könnten, was sie sind.[151]

Ich notiere:

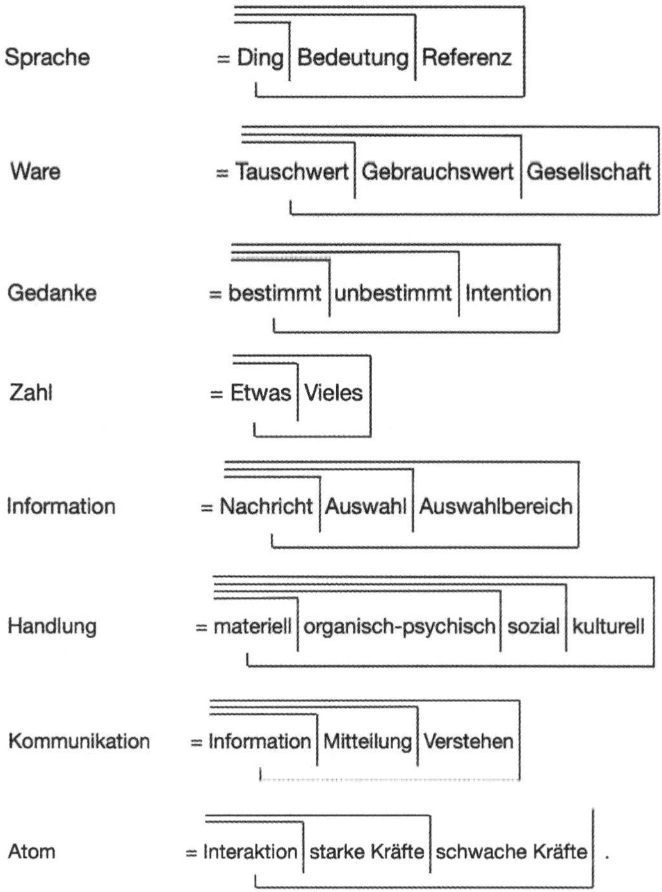

Viele andere Beispiele wären möglich. Zuweilen findet sich für die Sachverhalte, die hier gemeint sind, der Begriff der evolutionären Einmalerfindung. Damit wird angedeutet, dass hier ›auf einen Schlag‹ etwas auftritt, woran man anschließend nicht mehr vorbeikommt. Im Kontext einer Monadologie, darauf verweist der Begriff der Indiszernibilien, der (un)unterscheidbar Einzelnen,[152] bekommen jedes Lebewesen und jede Idee diesen Status einer Einmalerfindung, so vergänglich diese dann auch sein mag. Als (un)unterscheidbar Einzelne entziehen sich Indiszernibilien der Unterscheidung, die sie treffen. Das hat in der Auseinandersetzung mit Leibniz auch Marx beschäftigt, der daraus seinen Begriff – oder soll man sagen: die explosive Paradoxie – einer freien Entfaltung des Individuums in der Gesellschaft gewann.[153]

Im Detail wird man über jede dieser Formen im Medium ihrer selbst diskutieren müssen, zumal es einen Unterschied macht, in welcher Tiefe ihrer Räume man jeden einzelnen Inhalt notiert, aber für den Moment genügt es, darauf hinzuweisen, dass die Notation als Katjekt den entscheidenden Punkt der Interdependenz, der Rekursion und internen Variabilität der Inhalte unterstreicht. Jede dieser Formen ist – unter der Voraussetzung ihres impliziten Kontexts auf der Außenseite der Form – geschlossen und jede dieser Formen ›spiegelt‹ perspektivisch das Universum, in der sie sich bewegt.

Immanuel Kant hat die alteuropäische Metaphysik durch die Einführung des Gedankens der Kritik gesprengt, Fritz

Heider durch die Auflösung des Substanzbegriffs in die Vorstellung von Medien als ›körnigen‹ Anhaltspunkten für die Bildung von Dingen.[154] Seither sind Dinge und Formen auf sich selbst, auf Unterscheidungen von Beobachtern gestellt. Es gibt keine ›Dinge an sich‹ (es sei denn als Denkfigur eines Außen jeder Beobachtung) und es gibt keinen ›Geist‹, der sich selbstbewegt verwirklicht. Stattdessen gibt es Dinge und Formen als Korrelate von Beobachtungen, längst vergangenen, gegenwärtigen und künftigen. Die Bedingung der Möglichkeit dieser Dinge und Formen ist der Mensch, der in seiner Diversität einen Planeten besiedelt, der einen unwahrscheinlichen Punkt im Universum besetzt. Katjekte im Kalkül der Unterscheidung von Medium und Form beschreiben die Verwicklungen, in denen sich die Menschen in diesem Universum beobachten und verwirklichen.

Katjekte treten spontan auf und verschwinden wieder, können aber auch eine stabilere Form annehmen. Sie können als Eigenwerte in einem Kalkül rekursiver Funktionen verstanden werden,[155] wenn sie ein chaotisches Feld nicht nur ordnen, sondern ihrerseits ein gewisses Chaos ermöglichen. Das Chaos erhält einen eigenen Stellenwert innerhalb einer Form von Unterscheidungen, die funktionale Abhängigkeiten zwischen von ihnen bestimmten Inhalten schaffen, die zur Bestätigung ihrer Funktionalität auf dieses Chaos angewiesen sind.

Das Auftreten von Katjekten als Eigenwerte rekursiver Funktionen setzt voraus, dass sie als Operand und Operator gleichermaßen zu verstehen sind. Ihr Output ist zugleich ihr Input, wenn auch unter Einschluss von Abfall und Störung. Katjekte erzeugen sich selbst und greifen auf sich zurück, um sich zu reproduzieren. Darin besteht ihre basale Selbstreferenz, die auf der Ebene der Beobachtung erster Ordnung als Wiederholung erlebt und auf der Ebene der Beobachtung zweiter Ordnung als Leistung reflektiert wird. Unter Umständen absorbieren Abfall und Störung eine Aufmerksamkeit, die für Wiederholung und Leistung dann nicht mehr zur Verfügung steht. Katjekte gewinnen ihr Material aus der Art und Weise, wie sie ihr Material sortieren.

Damit wird zugleich ein funktionaler Zusammenhang beschrieben, der ausschließlich generativer Art ist. Katjekte besitzen keine teleologischen Funktionen außer jenen, die sie für sich selbst schaffen. Wenn sie einen Zweck im Universum oder ein Ziel in der Gesellschaft verfolgen, dann den Zweck oder das Ziel, sich selbst zu erhalten unter Einschluss der Möglichkeit, sich zu einem gegebenen Zeitpunkt auch aufzulösen. Der funktionale Zusammenhang ist ausschließlich endogen bestimmt, wenn man den Umstand, dass der Rest der Welt diesen Zusammenhalt bedroht und gefährdet, als einen zwar nicht endogen verursachten, aber endogen (zutreffend oder nicht) bestimmbaren Umstand würdigt. Es geht so lange gut, wie es gut geht. Nichts garantiert eine darüber hinaus gehende Dauer.

Eigenwerte sind das Produkt und der Ausgangspunkt aller Berechnungen. Nicht die Inhalte der Form, sondern ihre wiederholbare Ordnung zum Katjekt ist daher der Sachverhalt, die »Verbindung von Gegenständen«,[156] der Beobachtungen erster Ordnung und Beobachtungen zweiter Ordnung ineinander faltet: eine Gestalt als Textur, eine für Anschlüsse offene Ordnung nach Innen und nach Außen.[157] Die funktionale Grundeinheit des Formkalküls ebenso wie einzelner Katjekte sind daher nicht Inhalte wie *a* oder *b*, sondern Relationen wie *aRb* oder Differenzen wie *a* | *b*. Die Relationen sind solche der Sache ebenso wie der Beobachtung. Diese unaufhebbare Ambiguität ist gemeint, wenn von ›Differenzen‹ die Rede ist. Im Zuge der Spencer-Brown-Transformation überführt die Beobachtung zweiter Ordnung Inhalte in Differenzen.

Katjekte ordnen Differenzen. Sie besitzen eine minimale Komplexität, wenn ›Differenz‹ bedeutet, dass man es mit mindestens zwei aufeinander nicht reduzierbaren, wenn auch wechselseitig negativ bestimmten und sich bestimmenden Seiten der Unterscheidung zu tun hat. Man denke an Jurij M. Lotmans Vorschlag, die Trope, das heißt ein Paar miteinander unvereinbarer Bedeutungsträger, als Grundeinheit in der Kultursemiotik anzunehmen.[158] Vorbild für dieses Verständnis von Komplexität ist die Mathematik komplexer Zahlen, die sich aus der Multiplikation reeller Zahlen mit der imaginären Einheit $i = \sqrt{-1}$ ergeben. Das Ergebnis ist eine Oszillation zwischen zwei irreduziblen Einheiten. Unter einer minimalen Komplexität ist das Auftreten einer solchen Oszillation zu verstehen. Die Komplexität kann durch das Hinzutreten weiterer Differenzen gesteigert, aber sie kann nicht aufgelöst werden, solange ein Katjekt als Eigenwert einer rekursiven Funktion erhalten bleiben soll.

Über die gängige Mathematik rekursiver Funktionen hinausgehend müssen Katjekte nicht nur als rekursiv, sondern auch als reflexiv verstanden werden. Katjekte bestimmen Inhalte, die in jeder ihrer Differenzen auf sich selbst zurückgreifen und jede ihrer Differenzen in Abhängigkeit von allen anderen Differenzen variieren. Das Ergebnis ist eine bewegliche Menge wechselseitiger Interpretationen, eine ›Wahrheit‹ im Sinne Friedrich Nietzsches, in der jede Differenz Anhaltspunkte dafür liefert, wie jede andere Differenz zu setzen, zu verstehen und zu betreiben ist: »Was ist also Wahrheit? Ein bewegliches Heer von Metaphern, Metonymien, Anthropomorphismen, kurz eine Summe von menschlichen Relationen, die, poetisch und rhetorisch gesteigert, übertragen, geschmückt wurden und die nach langem Gebrauch einem Volke fest, kanonisch und verbindlich dünken (...).«[159] Beobachtungen erster und zweiter Ordnung liegen nicht fest, sondern positionieren sich immer wieder neu. Die These, die die Rede von Katjekten als Ausdrücken im Formkalkül und als Eigenwerte rekursiver Funktionen dirigiert, lautet, dass sie bei dieser laufend neuen Positionierung auf ein Material zurückgreifen, das sie selbst produziert haben. Katjekte sind Konstruktionen, die gerade dort, wo sie fragil sind, Halt finden. Vielleicht ist Fragilität ihr wichtigster Kitt.

Katjekte sind unter diesen Bedingungen ihrer Rekursivität und Reflexivität auch als homöostatisch, wenn nicht sogar als homöochaotisch zu verstehen:[160] Störungen jeder einzelnen Differenz werden nicht direkt, sondern indirekt aufgefangen, indem andere Differenzen stabilisiert beziehungsweise in bestimmten Grenzen chaotisch gehalten werden. Ein schwach strukturiertes Durcheinander schafft Anhaltspunkte für Differenzen, die zugleich unter weiteren, eher ungenau als präzise bestimmten Anforderungen stehen. So wird ein Anpassungsspielraum des Katjekts nicht an seine Umwelt, sondern in der Reaktion auf seine Umwelt an sich selbst gewonnen. Es wird eine ›innere Umwelt‹[161] geschaffen und genutzt, die den Spielraum schafft, innerhalb dessen auf eine äußere Umwelt reagiert werden kann oder auch nicht reagiert werden muss. Nach beiden Seiten ist die Aufrechterhaltung von Ambiguität die wichtigste Fortsetzungsbedingung. »Ambiguity failures« verderben das Spiel.[162]

Wie ›Systeme‹, die mit der Entdeckung innerer und äußerer Umwelten aus ihrem alteuropäischen Schlaf der Untersuchung des Ganzen (als ›Summe‹) und seiner Teile geweckt wurden,[163] sind auch Katjekte nicht als Dinge, sondern als Operationen zu verstehen, die nach Maßgabe interner Referenzen Beziehungen zwischen internen und externen Referenzen herstellen. Ihre Produktion und Reproduktion als Eigenwert einer rekursiven und reflexiven Funktion ist chaotisch gefährdet – und gewinnt aus diesem Chaos ihre wichtigsten Impulse.

Katjekte sind soziologische Konstrukte zur Analyse der Integration von Beobachtungen. Integration verlangt die Reduktion von Freiheitsgraden.[164] Man integriert sich, indem man auf Möglichkeiten der Abweichung verzichtet und diesen Verzicht glaubwürdig macht. Katjekte bilden ab, wie diese Reduktion ihrerseits beobachtet und im Kontext von Problemstellungen der Ausdifferenzierung in der Sache und Reproduktion in der Zeit laufend neu bewertet wird. Das Thema eines Katjekts, wenn man so will, ist die Frage einer Bewährung dieser Integration. Beobachtungen können ausweichen, und Beobachtungen können neu interpretieren; beides stellt ihre Integration in Frage. Doch nur der Umgang mit dem Risiko des Ausweichens und der Neuinterpretation erlaubt es, die im Katjekt integrierten Beobachtungen laufend neu zu justieren – ganz im Sinne eines »calculus of uncertainty« mit den beiden Variablen ›ambage‹ (›soziales‹ Ausweichen) und ›ambiguity‹ (›kulturelle‹ Interpretation), wie ihn Harrison C. White vorgeschlagen hat.[165]

Max Weber empfiehlt, wissenschaftliche Disziplinen nicht anhand ihrer Themen, geschweige denn ihrer Wertsetzungen, sondern anhand ihrer Problemstellung zu identifizieren.[166] Seit Auguste Comte genügt die Soziologie dieser Empfehlung. Ihre Problemstellung zielt auf den Zusammenhang einer sachlichen Ausdifferenzierung und zeitlichen Reproduktion von Inhalten im Kontext gesellschaftlicher Komplexität. Soziales Handeln und Erleben bewährt sich in dem Maße, in dem es Rückhalt an den Dingen, Sicherheit im zeitlichen Ablauf und Zustimmung im sozialen Kontext gewinnt. Comte verwendete die beiden Begriffe der Statik (oder des ›Konsenses‹) und der Dynamik (oder Entwicklung):[167]

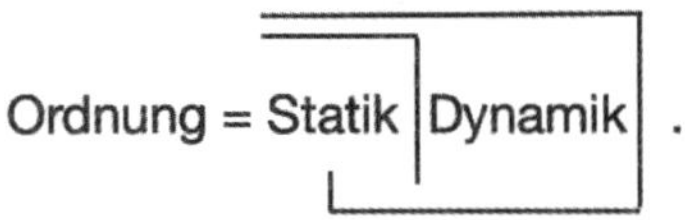

Die Dynamik bedroht die Statik und die Statik die Dynamik. Doch weder das eine noch das andere ist möglich, wenn das jeweils andere nicht gegeben ist.

Statisch geht es darum, dass Handeln und Erleben von jedem anderen gleichzeitig existierenden Handeln und Erleben unterschieden und in diesem Unterschied bestimmt werden muss. Dynamisch geht es darum, dass Handeln und Erleben sich sowohl aus eigenen Motiven wie auch zur Abstimmung mit anderem Handeln und Erleben verändern und daher von Moment zu Moment neu das Problem der Unterscheidung und Bestimmung aufwerfen. Die Entwicklung in der Zeit löst und verschärft das Problem der Ausdifferenzierung in der Sache. Statik und Dynamik sind, so Theodor W. Adornos Einwand,[168] als untereinander ›vermittelt‹ zu denken. Die Form der Vermittlung ist das Soziale, die historische Praxis, restringiert durch Setzungen in der Sache und in der Zeit.

Dieses dynamische Verständnis eines statischen Ordnungsproblems (und umgekehrt: statisches Verständnis eines dynamischen Ordnungsproblems) bestimmt die Soziologie bis zu Talcott Parsons und darüber hinaus. Parsons hat die statische Dimension in seiner Handlungstheorie als Problem der Abstimmung zwischen einem inneren Selbstbezug der Handlung und einem äußeren Umweltbezug aufgegriffen und die dynamische Dimension als Unterschied zwischen je gegenwärtigem Vollzug der Handlung und je zukünftiger Zwecksetzung formuliert.[169] Niklas Luhmann hat vorgeschlagen, diese beiden Dimensionen im Sinne des Formkalküls als das Kreuzen einer Unterscheidung in der Sache und Wiederholen einer Unterscheidung in der Zeit zu verstehen und so etwas mehr Beweglichkeit (»eine bessere Durchlüftung«) zu gewinnen, als sie das Vierfelderschema von Parsons auf den ersten Blick zu erkennen gibt.[170] Die Comtesche Statik wird so zum Ergebnis einer Oszillation, die Comtesche Dynamik zum Ergebnis einer Bewährung in der Zeit, kontrolliert durch ein Gedächtnis, das seine Identitäten nicht mit Festlegungen verwechselt, sondern als Spielsteine (*calculi*) behandelt.

Die Soziologie wird zu einer Wissenschaft vom Treffen und Wiederauflösen von Unterscheidungen in der Form.[171] Diese Unterscheidungen werden nicht nur von Menschen, sondern auch von Werten, Normen, Institutionen, Praktiken und Konventionen sowie, eine weitere Unterscheidung, von Körpern, Tieren, Pflanzen, Organismen aller

Art, von natürlicher und künstlicher Intelligenz gleichsam ›symbiosozial‹ getroffen.[172] Eben deswegen ergibt es Sinn, Beobachtungen erster und zweiter Ordnung zu unterscheiden, unter ›Beobachtern‹ nicht nur Menschen zu verstehen und von komplexen Verwicklungen zwischen Beobachtungen heterogener Art auszugehen. Und es ergibt Sinn, an der soziologischen Problemstellung der Freiheitsgrade zwischen diesen Beobachtungen festzuhalten. In jedem Katjekt definiert ein Inhalt einen Freiheitsgrad und seine Unterscheidung von anderen Inhalten den Zusammenhang einer Integration.

Ideen zu einer ›formalen‹ Soziologie sind nicht neu.[173] Georg Simmel hat sie begründet, indem er ›Formen‹ der Vergesellschaftung wie die Gruppe, die Über- und Unterordnung, den Streit, den Armen, den Fremden oder die Konkurrenz von ihren ›Inhalten‹, nämlich »Trieb, Interesse, Zweck, Neigung, psychische Zuständlichkeit und Bewegung«, wie sie in den Individuen vorhanden sind und auf andere Wirkungen ausüben, unterschied.[174] Diese Formen stehen nicht nur quer zu den ›üblichen‹ Formen der gesellschaftlichen Differenzierung wie Politik und Wirtschaft, Religion und Kunst, Interaktion und Organisation,[175] sondern es kann sich auch um ›leere Räume‹ handeln, die niemandem oder auch allen gehören und die Grenzen schützen, indem deren Außenseite undefiniert oder ›allgemein‹ definiert ist, jedenfalls keine potentielle Negation in Reichweite rückt, sondern allenfalls Ausweichmöglichkeiten schafft.[176] Das gilt für Räume im territorialen Sinn,[177]

aber es könnte auch für andere soziale Formen gelten, die ihre Bestimmtheit daraus gewinnen, dass sie ein Vakuum um sich herum schaffen.

Als Begründer einer Theorie der gesellschaftlichen Form muss Karl Marx gelten, der mit seiner Form der ›Ware‹ den Prototyp für eine Form der gesellschaftlichen Ausdifferenzierung beschrieben hat, die die materielle Verankerung in einem Gebrauchswert mit einem über Märkte vermittelten Tauschwert und einem mehr oder minder ›ostentativen‹ Distinktionswert zu einer komplexen Einheit kombiniert, die auf keinen dieser Inhalte reduziert werden kann, sondern jeden einzelnen zur Voraussetzung aller anderen macht.[178] Die Stringenz dieser Formanalyse ist für andere Formen nicht aufgegriffen worden. Ihre Pointe liegt nicht zuletzt darin, dass sie individuell verfügbare Inhalte (Entscheidungen in Arbeit, Konsum und Produktion) mit gesellschaftlich unverfügbaren Inhalten (Marktentwicklungen) kombiniert und so das Bild einer Logik der ›Produktion‹ begründet, die jede ›natürliche‹ Metaphysik hinter sich lässt.[179] Es wäre leicht, sich eine analoge Analyse für die ›Maßnahme‹ in der Politik, das ›Urteil‹ im Recht, den ›Glauben‹ in der Religion, die ›Erkenntnis‹ in der Wissenschaft, die ›Nachricht‹ in den Massenmedien oder das ›Kunstwerk‹ in den Künsten vorzustellen. Jede dieser Formen begründet in dem Maße, in dem sie sich situativ bewährt, eine wiederholbare Struktur, die mit Blick auf das Verhältnis von Situation und Struktur berechnet und variiert werden kann. Marx hat unter dem Titel des ›Privateigentums‹ die Form analysiert, die es ermöglicht, andere von der Zirkulation eines gesellschaftlichen Vermögens auszuschließen beziehungsweise den Bedingungen und Verhältnissen einer eingeschränkten Zirkulation zu unterwerfen. Es wäre zu untersuchen, inwieweit Voraussetzungen zur Bildung eines ›Kapitals‹ auch im Fall anderer Formen und ihrer Ausbeutung als ›Vermögen‹ gegeben sind.[180]

Tatsächlich hat ausgerechnet die soziologische Medientheorie die Analyse der Formen in den Hintergrund treten lassen. Talcott Parsons hatte die Tausch-, Interaktions- und Kommunikationsmedien entdeckt, als er auf die Idee kam, Geld und Sprache als Sonderfälle symbolischer und zirkulierender Medien zu betrachten und Macht, Autorität, Prestige, Intelligenz und Affekt als weitere Beispiele zu analysieren.[181] Doch dem entsprachen zunächst keine passenden Formen, so dass sich außerhalb der Soziologie das Bild durchsetzte, gesellschaftliche Formen würden ›hinter dem Rücken‹ der Menschen ihr ›entfremdetes‹ Leben bestimmen.[182] Tatsächlich verschiebt die Medientheorie die Bedingungen der Teilhabe an Gesellschaft von den sozialen Schichten der Tradition und den marxschen Klassen in die Frage der Kompetenz im Umgang mit den verschiedenen Medien, ohne deswegen zu leugnen, dass auch diese Kompetenz nach wie vor hierarchisch (›stratifiziert‹) geordnet ist.[183] Schlimmer noch kann die Gesellschaft faktisch nicht ausschließen, dass ganze Bevölkerungsgruppen und Regionen vom Zugang zu Medien wie Geld, Macht, Recht, Wissen, Bildung, Kunst und Fürsorge ausgeschlossen werden, so sehr das dem inklusiven (manche würden sagen: ›kolonialen‹) ›Programm‹ der Moderne widerspricht.[184]

Würde die Analyse gesellschaftlicher Formen wieder Anschluss an die Medientheorie gewinnen, würde man feststellen, dass weder Medien noch Formen sich ›hinter dem Rücken‹ der Menschen durchsetzen. Weder Form noch Medium sind der Fall, wenn sie nicht situativ auf- und abgerufen werden. Form und Medium sind zwar abstrakt, aber nicht übermächtig. Sie sind so leer wie jeder ihrer Inhalte, solange sie nicht konkret ergriffen werden. Sie binden Zeit, aber nicht den Moment. »Durch die Rastlosigkeit,« schreibt Simmel,[185] »mit der sie [die Dinge] sich in jedem Moment der Anwendung eines Gesetzes darbieten, wird jede Form schon im Augenblick ihres Entstehens wieder aufgelöst, sie lebt sozusagen nur in ihrem Zerstörtwerden, jede Verfestigung ihrer zu dauernden – wenn auch noch so kurz dauernden – Dingen ist eine unvollkommene Auffassung, die den Bewegungen der Wirklichkeit nicht in deren eigenem Tempo zu folgen vermag.« Umso wichtiger ist die Frage, wann und wie der Mediengebrauch durch die Regelung des Zugangs zu ihren Formen zum einen ›verfestigt‹ und zum anderen beschränkt werden kann. Typischerweise kommt hier die Theorie der Institutionen in den Blick, die von ›Institutionen‹ immer dann spricht, wenn manifeste Ungleichheiten auf latente und normative Mechanismen der exklusiven Definition von Zugehörigkeit schließen lassen.[186] Auch die Institution hat eine Form; und auch sie realisiert sich in einem Medium. Ihre Form ist die der Selbstverständlichkeit, das heißt der Unterstellung eines generalisierten Konsenses,[187] die es typischerweise ausschließt, nach ihrem Medium zu fragen, da damit der Konsens bereits in Frage stünde. Man käme nicht umhin, den Ausschluss selbst zum Thema zu machen.

Aber zurück zur Soziologie als Beobachtung von Formen der Integration, inklusiven wie exklusiven. Überraschenderweise ist nichts schwerer zu finden als ein Begriff des Sozialen, von dem die Soziologie doch insgesamt handelt. Offenbar fällt es leichter, sich von diesem Begriff zu verabschieden[188] als ihn vom Verdacht zu befreien, es handele sich um das gute und fürsorgliche Miteinander der Menschen. Ich greife auf eine Definition zurück, die sich bei Luhmann eher en passant findet.[189] Das Soziale sei zu definieren als eine Form der Abhängigkeit zwischen grundsätzlich unabhängigen Einheiten. Es setzt Wählbarkeit der Abhängigkeit auf beiden Seiten ebenso wie die Aufrechterhaltung ihrer Unabhängigkeit voraus. Die Paradoxie springt ins Auge:

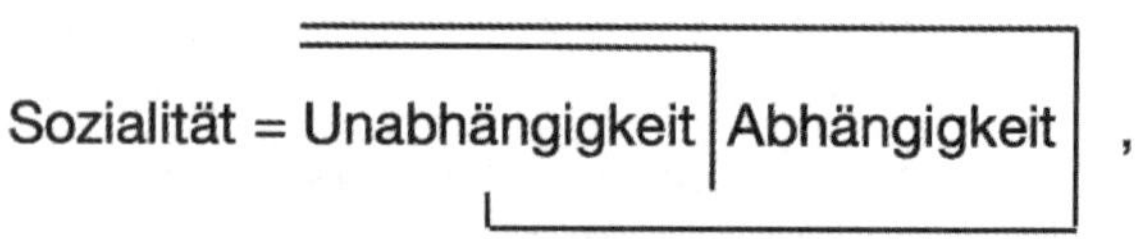

ist jedoch die Voraussetzung für eine Suche nach imaginären Werten, die sie unter der Bedingung der Beibehaltung ihrer Spannung in immer wieder neue Formen aufzulösen erlauben.

Zu den »Einheiten«, die für die Aufrechterhaltung einer solchen Form in Frage kommen, zählen Lebewesen, aber auch andere Einheiten kommen in Frage, wenn sie eine hinreichende Komplexität aufweisen, um ihnen im Handeln und Erleben Kontingenzchancen zuschreiben zu können.[190] Das gilt für Organismen, Menschen und Apparate gleichermaßen. Der Begriff des Sozialen ist nicht auf Verhältnisse zwischen Menschen zu beschränken. Er betrifft, so der Vorschlag, jede Form der Gestaltung von Abhängigkeit zwischen unabhängigen Einheiten und damit jede Form der wechselseitigen Steigerung und Abschwächung von Abhängigkeit und Unabhängigkeit. Man spricht von ›Gruppen‹, normativ auch von ›Kollektiven‹, um festzuhalten, dass der Verlust von Unabhängigkeiten (nach innen) mit dem Gewinn von Unabhängigkeit (nach außen) einhergehen kann.[191] Es könnte sich lohnen, den Begriff des Sozialen auch zu dort zu verwenden, wo die Struktur von Atomen, Pilzen und Schwärmen untersucht wird. Es ist nicht zu bestreiten, dass Menschen Höchstleistungen in der Erfindung und Gestaltung sozialer Formen erbringen, aber das schließt nicht aus, dass man auch unter Korallen Hinweise darauf finden kann, dass wählbare soziale Beziehungen eingegangen werden.

Die ›virtuelle Kontingenz‹ zwischen hinreichend komplexen Einheiten,[192] eine Kontingenz in Abhängigkeit von Zuschreibungen, kann zur Bestätigung und Variation von Katjekten so gut herangezogen werden wie jede reelle Kontingenz, die sich bei näherer Betrachtung ebenfalls als ein Ergebnis von Zuschreibungen herausstellt. Die Frage einer ›ontischen‹ Differenz zwischen Beobachtern unterschiedlicher Materialität und Sozialität ist schon deswegen wichtig, weil sie nicht eindeutig, sondern nur ›semiotisch‹ entschieden werden kann.[193] Sie kann nicht eindeutig entschieden werden, weil die Unabhängigkeit der Beobachter ebenso sehr ein Produkt der eigenen Beweglichkeit wie der Verhältnisse ist. Seit digitale Rechner sich an der Kommunikation unter Menschen beteiligen (und eigene ›Ideen‹ entwickeln), ist der humanistische Alleinvertretungsanspruch von Menschen fragwürdig geworden. Es werden andere Lebewesen als Teilnehmer an Kommunikation wiederentdeckt und erinnert man sich der Geister und Götter, Toten und Nachgeborenen (Elias Canettis ›unsichtbare Massen‹[194]), die sich in früheren Gesellschaften ganz selbstverständlich an Kommunikation beteiligt, wenn nicht jenem unfassbaren Begriff einer ›Gesellschaft‹ überhaupt erst Evidenz gegeben haben.

Die Soziologie als eine Wissenschaft von Katjekten beobachtet

- Inhalte (*indications*), die aufgerufen und wieder aufgerufen werden, aber auch wieder verschwinden,
- Unterscheidungen (*distinctions*), die getroffen und gekreuzt werden, so dass mit der einen Seite der Unterscheidung auch ihre andere Seite in den Blick gerät,
- Wiedereinführungen (*re-entries*) von Inhalten und Unterscheidungen in die Form ihrer Bezeichnung und Unterscheidung, so dass Bezeichnung und Unter-

scheidung reflektiert, abgeschwächt oder gestärkt werden,
- Verschachtelungen (Katjekte) von Inhalten, Unterscheidungen und ihrer Wiedereinführung mit dem Ergebnis wechselseitiger Konditionierung, Verhärtung und Lockerung
- und mit all dem Beobachtungen, die weitere Beobachtungen attrahieren oder abstoßen und sich einen Raum, eine Welt, eine Wirklichkeit, ein Medium ihrer Ausdifferenzierung, ihrer Reproduktion und ihrer Integration schaffen.

Die Form eines Katjekts ist ohne eine unbestimmt mitlaufende Außenseite nicht zu haben. Diese unbestimmte Außenseite sorgt für ökologische Überraschungen in der Sache, historische Überraschungen in der Zeit und soziale Überraschungen unter Beobachtern.

Vilfredo Pareto sah hierin das wesentliche Kennzeichen sozialer Systeme: Sie weisen Residuen auf, mit denen die Vergangenheit, inklusive einer vergangenen Zukunft, die Gegenwart überrascht.[195] Eine Soziologie der Katjekte ist daher auch eine Soziologie der Latenz. Jeder Inhalt, jede Unterscheidung, jede Wiedereinführung verweist auf eine mitlaufende Einheit, die *als* diese Einheit ebenso latent bleibt wie vieles *in* dieser Einheit.[196] Das wusste bereits Comte, der ein ›Ganzes‹ als nie zu Bestimmendes dort mitführte, wo es vor jeder Isolation eines Teils von anderen Teilen zu warnen hatte.[197] Und als wollte er diese Latenz auf beiden Seiten jeder Unterscheidung sicherstellen, spricht Comte im Fall einer »steigenden Verwicklung der Zustände« von einer »Ordnung gemäß ihrer unvermeidlichen und zunehmenden Unvollkommenheit.«[198] Spencer-Brown spricht davon, dass Drohungen (*threats*) den Zusammenhang von Differenzen in wiedereingeführten Formen sicherstellen.[199] Man übersieht implizite und explizite Kontexte nur auf eigene Gefahr. Nichts ist heilsamer als ein wenig Chaos auf beiden Seiten der Unterscheidung.

Eine Soziologie der Katjekte beschreibt ein verwickeltes und vermitteltes Verhältnis nicht nur von Statik und Dynamik, sondern auch von Struktur und Semantik. Man kann jedes *cross* als ein strukturelles Element, als Konstante einer Form, und jeden Inhalt als ein semantisches Element, einen Inhalt der Form, beschreiben, auch wenn man damit die Austauschbarkeit von Operand und Operation abblendet. In der Wiedereinführung der Unterscheidung in die Form gewinnt das *cross* eine semantische Qualität, es wird *marker*, und als Inhalt im Kontext einer Differenz besitzt jeder Inhalt eine strukturelle Qualität. Spencer-Brown unterscheidet *memory* und *oscillation*, sobald Unterscheidungen in ihre Form wiedereingeführt werden,[200] aber entscheidend ist, dass Formen immer beides zugleich sind, eine oszillierende Erinnerung an ihre Form, die als Form nur stillsteht, weil sie sich grundsätzlich unruhig ausdifferenziert und reproduziert.

Bestimmte Leitbegriffe der Soziologie sind auf einem Niveau formuliert, das sie als Vorgriffe auf ein Verständnis als Katjekte interpretierbar macht. Das gilt für den Begriff des Feldes, wenn man die Beschränkung auf innere Kräfte aufhebt und diese Kräfte in Relation zu äußeren Anregungen und Störungen setzt:[201]

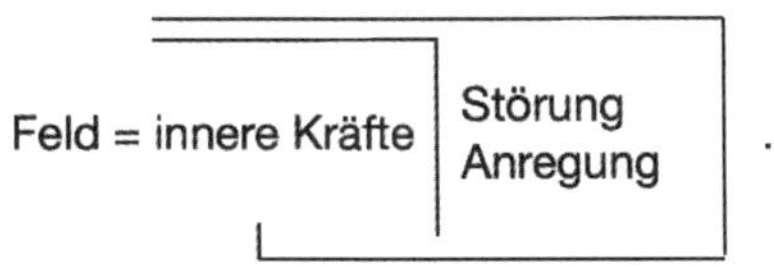

Es gilt für den Begriff des Systems, wenn dieses als differentielle Operation der Unterscheidung von System und Umwelt und damit auf der Ebene der Relation von Relationen und der Konditionierung von Konditionen verstanden wird:[202]

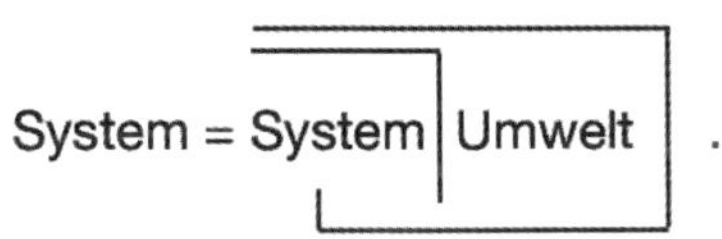

Und es gilt für den Begriff des Netzwerks, wenn hier jede Identität im Kontext einer wechselseitigen Kontrolle anderer Identitäten gesehen wird und der Akzent auf Disziplinen der Wertschätzung liegt, die kategoriale Verknüpfungen (›catnets‹[203]) zwischen Personen, Situationen und Institutionen schaffen, die sich selbst ebenso sehr bedrohen wie bestätigen:[204]

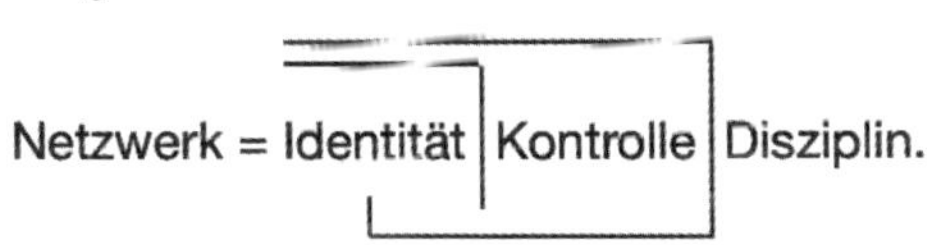

Je nach Akzentuierung der Beobachtung lassen sich in allen drei Fällen die Inhalte auch vertauschen, um das Augenmerk eher auf die Genese von Problemen als die Resultate der einschlägigen Operationen zu lenken.

Niklas Luhmann hat nicht nur den Rückgriff auf Spencer-Browns Formkalkül empfohlen, um Parsons‘ Theorieprogramm entspannter fortsetzen zu können, sondern auch die Vermutung in den Raum gestellt, dass eine »Theorie einseitig [»dies, und nicht das«, DB] verwendbarer Zweiseitenformen« geeignet sein könnte, einen Abstraktionsschritt über die Systemtheorie hinaus zu machen und eine Theorieebene zu erreichen, die die Systemtheorie, aber auch andere auf Unterscheidungen beruhende Theorien wie die Evolutionstheorie (Variation/Selektion/Retention), die Semiotik (Bezeichnendes/Bezeichnetes) oder die Medientheorie (Ding/Medium) als Sonderfälle einer allgemeinen Theorie der Unterscheidung behandeln könnte.[205] Luhmanns selektiver Umgang sowohl mit Parsons‘ Theorie als auch mit dem Formkalkül ist oft bemerkt worden.[206] Dennoch bahnt seine Zuspitzung der Systemtheorie auf eine Theorie von System/Umwelt-Operationen einer Fortführung des Parsons'schen Theorieprogramms insofern einen Weg, als der Begriff der Funktion geeignet ist, System- und Umweltaspekte der ›human condition‹ paradigmatisch zu verknüpfen.[207]

Anders als Parsons, der einen ›analytischen‹ Systembegriff pflegte, der den Systemen im Interesse eines übergeordneten Ganzen Funktionen zuschrieb, von denen diese nichts wissen mussten, ist Luhmanns ›empirischer‹ Systembegriff gezwungen, von Funktionen nur dann zu sprechen, wenn sie im System für das System eine Leistung erbringen. Eine Funktion hat nur, was für das System und im System eine Funktion hat. Im Formkalkül kann das gezeigt werden, indem Inhalte in der Umwelt referentiell in das System wiedereingeführt werden und dort einen Unterschied machen. Anders wüsste Kommunikation, also auch dieser Text, weder etwas von Natur noch von Psyche (ganz zu schweigen von Kommunikation).

Harrison C. White hält die Beschäftigung nicht nur mit dem Formkalkül, sondern auch mit der allgemeinen Systemtheorie für einen Irrweg, da sie beide vom Pfad der Wissenschaft und der Modellierung wegführen.[208] Zum einen verstehe man in der wissenschaftlichen Diskussion das systemtheoretische Konzept der Umwelt nicht, da es von einem ökologischen Verständnis natürlicher Umwelten abweicht. Und zum anderen spiele der Formkalkül unter den wichtigsten Modelliertechniken der Gegenwart, vor allem jenen der Topologie, Kategorientheorie und Netzwerkanalyse, keine Rolle. Diese Einwände sind ernst zu nehmen, zumal sie drohen, zur *self-fulfilling prophecy* zu werden. Sie blockieren eine fruchtbare Auseinandersetzung mit dem Kalkül dort, wo soziologische Theoriebildung stattfindet.

Im Gegensatz zu diesen Einwänden liegen die wichtigsten Chancen eines verallgemeinerten ökologischen Denkens in einem entsprechend verallgemeinerten Umweltbegriff, der nicht nur natürliche, sondern je nach Systemperspektive auch psychische, soziale und technische Umwelten in den Blick nehmen kann. Es gibt keinen Grund, bestimmte Systemperspektiven gegenüber anderen zu privilegieren und den Umweltbegriff entsprechend einseitig zu formulieren und auf ›natürliche‹ Themen zu beschränken. Die aktuelle Wirklichkeit ist eine Wirklichkeit multipler Systemperspektiven, die untereinander in keinerlei hierarchischer Beziehung stehen. Unser Weltbild ist ein Weltbild prekärer ökologischer Nachbarschaften, in dem jedes System eine Nische besetzt und mit allen anderen in einer dauernden Auseinandersetzung steht. Auch ›ökologisch‹ im engeren Sinne des Wortes kommt man nur weiter, wenn man das begrenzte Bewusstsein der Menschen und die robust blinden Formen ihrer Kommunikation in der Umwelt ›natürlicher‹ Systeme zur Kenntnis nimmt.[209]

Auch zur Arbeit mit dem Formkalkül unter anderen Modelliertechniken gibt es kaum Alternativen, wenn man nach einem Kalkül sucht, der strukturelle und semantische, physikalische und hermeneutische Aspekte übergreift und überdies dem Beobachter und damit der Reflexion des Kalküls im Kalkül einen zentralen Stellenwert gibt. Eine Modelliertechnik, in der der Beobachter nicht immer wieder und an den überraschendsten Stellen auf sich selbst stößt, wiederholt die Misere, in die eine objektivistische Wissenschaft und ihre Technologie die moderne Gesellschaft gebracht haben.

Nicht zuletzt bietet eine Soziologie der Katjekte die Möglichkeit, das Kategorienprojekt von Emile Durkheim und Marcel Mauss wieder aufzugreifen.[210] Man muss das Missverständnis nicht teilen, das Durkheim, Mauss und ihre Mitstreiter annehmen lässt, Kant habe den Kategorien seiner Transzendentalen Analytik in der *Kritik der reinen Vernunft* einen notwendigen und ewigen Status zugebilligt, um das Kategorienprojekt dennoch als ein Projekt würdigen zu können, das auf dem Umweg über die Religion den das Denken ordnenden Charakter von Kategorien wie Ursache, Raum und Zeit, aber auch Materie, Zahl, Nahrung und Sprache erkennt und kulturell zuordnet.[211] Tatsächlich sind schon bei Kant Kategorien Reflexionsbegriffe einer sich anthropologisch, also empirisch auf die Spur kommenden Vernunft.[212] Es fehlte nur wenig, so Karl Mannheim, und Kant hätte verstanden, dass seine Verankerung von Kategorien reiner und praktischer Vernunft in Modalitäten der naturwissenschaftlichen Erkenntnis umgekehrt auch die Naturwissenschaften historisiert: Was als transzendentaler Zugriff der Natur auf die Kultur begann, setzt sich als immanenter Zugriff der Kultur auf die Natur fort.[213] Schon der Schritt zur *Kritik der praktischen Vernunft* hatte Kategorien ins Spiel gebracht, die auf das Subjekt, sein Begehren und seine Persönlichkeit in einer menschlichen Gemeinschaft abstellen,[214] doch noch war es ein weiter Weg zur Entscheidung, den Glauben an eine transzendentale Verankerung der Kategorien aufzugeben und stattdessen mit den ›Reflexionsbegriffen‹ *Form* und *Materie* und deren ›Amphibolie‹, das heißt inhärenten Zweideutigkeit, nicht etwa zu enden, sondern zu starten.[215]

Interessanterweise hatte Salomon Maimon bereits darauf hingewiesen, dass man Kants Kategorien im Sinne des Leibnizschen Differentialkalküls als wechselseitige Ableitungen lesen müsse, da nur so ihr Verhältnis »genau richtig« bestimmt werden kann,[216] doch fehlten lange Zeit sowohl die Fantasie als auch die theoretischen Mittel, um dieses Projekt weiterzuverfolgen. Erst Durkheim, Mauss und Ernst Cassirer haben die Idee wieder aufgegriffen, Klassifikationen beziehungsweise symbolische Formen als die Erfüllung und Weiterentwicklung des kantschen Programms mit Rücksicht auf den hegelschen Geist und befreit vom transzendentalen Rückhalt zu verstehen und als mehr oder minder kompakte »Objektivationen des Lebens«, so Wilhelm Dilthey, zu untersuchen.[217] Immerhin hielt Dilthey es für sinnvoll, den Versuch zu machen, die realen Kategorien des Unterscheidens, Gleichfindens, Auffassen von Graden des Unterschieds, Verbindens und Trennens als »Verhältnisse des Wirkens und Leidens, der Aktion und Reaktion« zu formalisieren.[218]

Der Umweg über die Religion ist für Durkheim noch nötig (auch wenn Mauss widerspricht und die Gesellschaft insgesamt in der Verantwortung sieht[219]), um den gegenüber der bloßen, ›profanen‹ Mannigfaltigkeit des Gegebenen transzendentalen, also ›heiligen‹ Status der Kategorien zu verstehen, doch muss es bei dieser Aufrechterhaltung des Transzendentalen als Lösung des Problems eines Zugriffs auf den Hintergrund figurativer Erkenntnis nicht bleiben. Katjekte ermöglichen es, noch die vermeintliche Universalität und Notwendigkeit von Kategorien als *unwritten crosses* zu analysieren, die auf einen spezifischen kulturellen und gesellschaftlichen Kontext inklusive dessen Auffassung von Wirklichkeit, Welt und Religion zurückzurechnen sind.[220] Auch die Religionssoziologie kann davon nur profitieren. Sie kann Figuren des Heiligen als Schemata, Klischees der Verknüpfung und Hierarchisierung des Heterogenen untersuchen. Selbst Gott ist ein Katjekt, das Anwesendes und Abwesendes, Zorniges und Tröstendes, Überforderndes und Unterstützendes, Rächendes und Gnädiges miteinander verknüpft und dabei eine Außenseite im Blick behält, für die sich alles ganz anders darstellen mag:

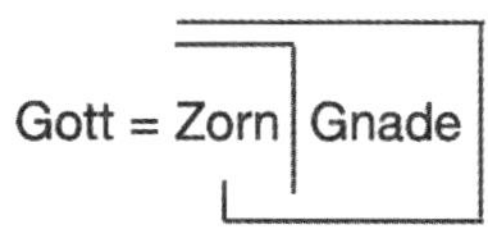

– so zumindest der biblische Gott.

Das Wissen der Katjekte reagiert auf alte und neue Probleme der Wissenssoziologie, die sich seit Karl Mannheim darum bemüht, den Funktionssinn von Kulturgebilden sowohl von der Gesellschaft zu unterscheiden als auch auf sie zu beziehen, so als sei jedes kulturelle Wissen eine Art Fremdkörper in der Gesellschaft, der geistige, wenn nicht sogar normative Ansprüche an das gesellschaftliche Leben stellt, ohne doch seine Herkunft aus eben diesem verleugnen zu können.[221] Wie später Niklas Luhmann gegenüber Talcott Parsons betont auch Mannheim gegenüber Max Scheler die Immanenz jener Konstellationen des Wissens, die, mit einer schönen Formulierung, aus ›konjunktiven Erfahrungen‹ stammen, also die unterschiedlichen Aspekte des organischen, mentalen, sozialen und kulturellen Lebens der Menschen sowohl miteinander verknüpfen als auch wechselseitig beugen, unter- und überordnen.[222]

Die neuere Soziologie des Wissens erweitert dieses Interesse an Konstellationen und Konjunktionen zwar begrifflich und inhaltlich, indem neben den Gruppen und Generationen Mannheims auch Medien, Institutionen, soziale Bewegungen, Machtverhältnisse, Grenzen und Alltagsstrukturen als Subjekte und Objekte des Wissens ins Spiel kommen,[223] aber nicht konzeptionell. Lässt man das Wahrheitsproblem, das von der Soziologie mit Verweis auf ein je perspektivisches und partikulares Wissen eher pragmatisch gelöst wird,[224] beiseite, stellt sich dennoch die Frage, wie die Spielräume der Wissenden und die Sachlagen des Gewussten jeweils auseinandergehalten und aufeinander bezogen werden.

Michel Foucault verlässt sich in diesem Zusammenhang auf den Diskurs, in dem Wissen sich bewährt, wenn es der Macht entweder dient oder Chancen der Durchsetzung von Macht eröffnet:[225]

Diskurs = Macht | Wissen .

Mit Luhmann liegt es nahe, auf Kognition umzustellen und unter ›Wissen‹ die Bearbeitung des Widerstands eines

Systems gegen sich selbst innerhalb seiner Auseinandersetzung mit der Umwelt zu verstehen:[226]

Kognition = System | Umwelt | Wissen.

Wissen lagert sich an den Grenzen sozialer Systeme ab. Es ist das Gesamtresultat der strukturellen Kopplungen zwischen diesem System und seiner Umwelt.[227]

Katjekte ›behandeln‹ das Problem, indem sie es offenlegen. Was immer als Differenz die Begriffsbildung innerhalb einer Theorie und Methode hemmt, wird als Differenz formuliert und auf eine Beobachtung zugerechnet, die sowohl Diskursprobleme als auch Kognitionsprobleme zu lösen hat und somit sowohl an Macht als auch an der Reproduktion eines Systems in der Auseinandersetzung mit seiner Umwelt interessiert ist. Nichts schließt aus, dass ein modales Verständnis von Macht,[228] gewonnen aus der Bejahung der Möglichkeit unwahrscheinlichen Handelns und Erlebens, nichts anderes beleuchtet als das Verhältnis eines Systems zu seiner Umwelt.

Die Soziologie ist ein Fach, das sich weder kausalistisch aus der Physik noch vitalistisch aus der Biologie oder metaphysisch aus der Philosophie, sondern aus seinem eigenen Sachverhalt der Kommunikation motiviert. Katjekte nehmen zur Kenntnis und geben darüber Auskunft, dass der Begriff der Kommunikation von der Idee getragen ist, sowohl den Gesamtzustand eines Systems, eines Netzwerks, eines Feldes als auch jede einzelne Operation innerhalb eines Systems, eines Netzwerks oder eine Feldes zu bezeichnen. Makrologisch vertritt der Begriff der Kommunikation die These, dass man über die Gesellschaft insgesamt auch dann etwas wissen kann, wenn ihre Elemente chaotisch unbestimmt sind. Und mikrologisch vertritt dieser Begriff die These, dass man über jedes einzelne Element etwas wissen kann, auch wenn man über den Gesamtzustand nichts weiß.

In der soziologischen Tradition haben sich diese beiden Thesen auf die Gesellschaftstheorie einerseits und Interaktionstheorien andererseits verteilt. Geht man jedoch mit der Systemtheorie von der Einheit einer Vielfalt aus, die sich, wie Humberto Maturana formuliert,[229] aus der rekursiven Anwendung immer derselben Unterscheidung auf die Resultate der Unterscheidung ergibt, erschließt sich das Verständnis einer differenzierten Einheit, in der dank der Widerständigkeit und Nachgiebigkeit des Materials, der Umstände und des Personals mikrologisch differiert, was makrologisch immer noch dasselbe ist: Kommunikation. Bis in das unwahrscheinlichste Detail hinein, das wäre die These,[230] differenziert sich ein System nicht beliebig, sondern anhand einer Wiederholung der Differenz von System und Umwelt. Das gilt auch für Netzwerke, deren Elemente keine beliebige Identität ausbilden, sondern eine Identität als Variante der Identität des Netzwerks. Und es gilt für Katjekte. Jeder Inhalt eines Katjekts, jede hinein- oder aus ihm herausgefaltete Unterscheidung wiederholt die Form der Unterscheidung. Nur das verdient in Systemen ebenso wie in Netzwerken und Katjekten den Titel einer ›Komplexität‹ im Sinne der Vielfalt einer Einheit.

Diese Komplexität kann man sich mit Francisco Varela auch als Trinität vorstellen: erstens als Ergebnis eines Prozesses (»it«), zweitens als dieser Prozess (»the process leading to it«) und drittens als Unterscheidung zwischen Ergebnis und Prozess (der Schrägstrich): »it/the process leading to it«[231] oder eben

autopoiesis = it | the process leading to it | .

Das gilt für das Leben, das Bewusstsein und jede andere Materialisierung von Selbstreferenz – und damit auch für Kommunikation. Die Soziologie ist eine Wissenschaft der Selbstverschränkung von Kommunikation, entfaltet zur Differenz von Handeln und Erleben. Katjekte liefern dafür die passenden Modelle.

Katjekten liegt eine einfache Metaphysik zugrunde. Sie akzeptieren die Einheit des Seins, wie sie von Parmenides als formales Prinzip aller Erkenntnis vorgestellt wurde.[232] Das Prinzip des ausgeschlossenen Gegensatzes gilt, weil dieses Sein mit sich identisch ist und jede Annahme eines Nichtseins ihm widerspricht. Spencer-Brown spricht von einem »durchdringenden Raum« (*pervasive space*), der eine Form restlos erfüllt.[233] Dieser Raum hat die ›empfängliche‹ Leere eines Mediums. Diese Einsicht liegt vor aller naturphilosophischen Aufzählung der Elemente Wasser, Luft, Feuer, Erde und kann, wie Zenon zeigte, ins Paradoxe gewendet werden, wenn sich das Eine dann doch als Vieles herausstellt.[234]

Sobald die Einheit des Seins durch eine Unterscheidung und Bezeichnung gespalten wird, befindet man sich in einem Bereich, den Platon als den der unbegrenzten oder unbestimmten Zweiheit beschreibt:[235]

Hier wird, kann und darf man sich irren. Hier führen die Kunst der Rede (Rhetorik) und die Arbeit der Vernunft (Logos) von der Wirklichkeit und ihrer Wahrheit ebenso weg wie hin zu ihr. Hier geht es um den Streit, insofern jede

Wahrheit polemisch der Verborgenheit und Verstellung abgerungen werden muss. In geradezu wissenssoziologischer Manier unterstreicht Martin Heidegger, dass es darum geht, das sich nach griechischem Verstand Verstellende (*pseudos*) vom nach römischem Verstand als falsch Abgelehnten und zu Fall Gebrachten (*falsum*) zu unterscheiden,[236] das heißt die Komplexität der Sache von der Intervention der Rechthaber zu unterscheiden. Die unbegrenzte und unbestimmte Zweiheit garantiert, dass sich jeder Aussage, mit Ausnahme jener ersten von der Einheit des Seins, eine andere gegenüberstellen lässt.

Den dritten und letzten Schritt der Metaphysik vollzieht Charles Sanders Peirce, indem er die Einheit des Seins und die Zweiheit jeder Unterscheidung durch die Drittheit der Interpretation ergänzt und damit den Beobachter einführt.[237] Seither ist eine Unterscheidung zugleich ein Zeichen (*icon*), ein Hinweis (*index*) und ein Symbol (*token*) der Wirklichkeit.[238] Das Symbol eröffnet einen Raum möglicher Interpretation, der sich sowohl durch die Indizierung von etwas als auch den Verweis auf die Wirklichkeit der Unterscheidung, das heißt die Wirklichkeit der Operation Beobachtung, begrenzt und variiert.

Schließt man das Symbol kurz mit seiner Beobachtung als Element und Inhalt, hat man es mit Beobachtungen zweiter Ordnung zu tun und bewegt sich mit Ernst Cassirer in einer Philosophie symbolischer Formen. Sprache, Mythos und Erkenntnis werden jeweils als ›Brechungsindex‹ verstanden,[239] der eine Wirklichkeit für Beobachter zurichtet, die nicht umhinkommen, sich als Teil dieser Wirklichkeit zu verstehen.

Diese Art der Metaphysik beginnt und endet als ihre eigene Kritik. So wie sich Parmenides für seinen Gedanken der Einheit des Seins auf einen rein formalen Begriff zurückzieht, so unterstreicht Kant die sich allenfalls selbst begrenzende Unbedingtheit aller vernünftigen Erkenntnis und damit allen Unterscheidens und Bezeichnens. Dreifach unbedingt ist jede Erkenntnis gemäß ihrem eigenen Vernunftbegriff:[240]

- unbedingt als *kategorische* Synthesis in einem *Subjekt*,
- unbedingt als *hypothetische* Synthesis der Glieder einer *Reihe* und
- unbedingt als *disjunktive* Synthesis der Teile in einem *System*.

Für jeden Akt der Vernunft gilt:

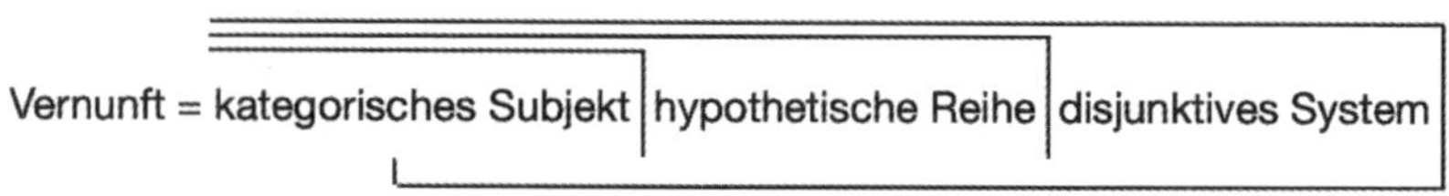

Die Vernunft ist ›subjektiv‹ begründet und in dieser Begründung ›objektiv‹ auf das Fremde der Wirklichkeit und jeder anderen Begründung bezogen.[241]

Die Aufforderung »Draw a distinction« zum Auftakt des Kalküls von Spencer-Brown fasst alle drei Bedingungen der Unbedingtheit ineins.[242] Jeder Unterscheidung liegt subjektiv die Operation eines Beobachters zugrunde. Jede

Unterscheidung reiht hypothetisch zwei und mehr Seiten einer Unterscheidung innerhalb einer Form auf, die in anderen Beobachtungen anders aufgereiht werden. Und jede Unterscheidung zielt insofern auf ein System, als sie das, was sie unterscheidet, auf seine Ausdifferenzierung, seine Reproduktion und seine Integration hin beurteilt, sei es, dass dieses System in der Wirklichkeit ›gegenständlich‹ beobachtet wird, sei es, dass die Unterscheidung an diesem System einen eigenen, intervenierenden und partizipierenden Anteil hat. Beides, Gegenstand wie Intervention, so ergänzt die Quantenphysik, sind Messungen.

Für Kant zielt der Vernunftbegriff der Erkenntnis auf eine Wissenschaft, die noch nicht in der mathematischen Konstruktion der Begriffe, sondern erst in der begriffenen Architektur der Begriffe, die die Einheit der Teile im Ganzen sicherstellt, zum Abschluss kommt.[243] Es führt kein Weg daran vorbei, den Zirkelschluss zwischen Einheit, Zweiheit und Drittheit jeder Unterscheidung, zwischen *icon*, *index* und *token*, immer wieder neu zu durchschreiten, um sowohl der Subjektivität jeder Unterscheidung als auch ihrer latenten und manifesten Gebundenheit im Raum ihrer Form auf die Spur zu kommen. ›Architektonik‹ ist Kants Name für die Überprüfung der Stimmigkeit des Zusammenhangs der Form.[244]

Wer bis vier zählt, steigt aus der Metaphysik aus in das noch unerschlossene Gelände eines polykontexturalen Nebeneinanders von Denk- und Ordnungsfiguren. Die Vier erwirtschaftet gegenüber allen Dreifaltigkeiten, die das europäische Denken kennt (Monarchie/Oligarchie/Demokratie, Legislative/Judikative/Exekutive, Vater/Sohn/Heiliger Geist, die Heiligen Drei Könige, sacerdotium/imperium/universitas, Subjekt/Objekt/Prädikat, These/Antithese/Synthese, Volk/Heer/Regierung, Variation/Selektion/Retention, Syntax/Semantik/Pragmatik, Ich/Es/Über-Ich, real/imaginär/symbolisch, Interaktion/Organisation/Gesellschaft, Information/Mitteilung/Verstehen, zeitlich/sachlich/sozial und andere), nicht nur den Gedanken einer in sich abgeschlossenen Vollständigkeit (nämlich jeweils Politik, Religion, Stände, Satz, Dialektik, Krieg, Evolution, Sprache, Psyche, Kommunikation, Sinn, neben Zeichen und Vernunft), sondern auch den Gedanken eines Mangels jedes einzelnen der drei Inhalte.[245] Vollständigkeit erreichen die Inhalte nicht erst im Verweis auf die je anderen Inhalte und nicht einmal erst im Vierten, der Einheit ihrer Differenz, sondern erst in der Unterscheidung dieser Einheit von anderen Einheiten. Sie sind vollständig, wenn und sobald sie der Komplemente bedürfen. Das ist ihr Ergänzungsbedarf. Und im Rahmen dieses Ergänzungsbedarfs sind sie funktional.

Es geht demnach nicht nur um das unbegriffene, rein additive Nebeneinander dieser Denk- und Ordnungsfiguren. Mit Gotthard Günther kann man sie Kontexturen nennen,[246] die unabzählbar eine Welt aus ihrem je unvereinbaren Blickwinkel ordnen und deren größter Gewinn darin besteht, dass sie den Wechsel des Interesses des Beobachters zwischen ihnen zwar nicht ausschließen, aber nichts zu ihm sagen können. Es gibt keine Einheit der Einheiten aller Differenzen, es sei denn jene der Gesellschaft, die genau dies ausschließt, seit sie im ›Geist‹ nicht mehr gefunden werden konnte. Man könnte versuchen, alle oder eine bestimmte Anzahl dieser Kontexturen aus dem Blickwinkel jeweils einer Kontextur zu rekonstruieren, würde dabei jedoch rasch auf eine Heterogenität stoßen, die nicht zur Deckungsgleichheit zu bringen ist. Mehr noch, man würde einer Komplexität gewahr werden, die innerhalb jeder dieser Kontexturen und zwischen ihnen dafür sorgt, dass die Zählung von eins bis vier immer wieder neu zu durchlaufen ist.

Und wer nach dem Vorbild eines Tetralemmas bis fünf zählt (eins: *das eine*; zwei: *das andere*; drei: *beides/sowohl-als auch*; vier: *keins von beidem/weder-noch*; fünf: *all dies nicht und selbst das nicht*), stellt fest, dass er oder sie sich bei fünf für eine neue Eins entscheiden muss.[247] Möglicherweise führt dies, wenn man Heinz von Foerster folgt, auf die Ebene einer neuen Metaphysik:[248] Im Durchgang durch alle Stationen wird man mit einer Unentscheidbarkeit konfrontiert, die nur durch eine neue, unbedingte und subjektiv/hypothetisch/disjunktive Entscheidung aufgelöst beziehungsweise für einen Moment abgelöst werden kann – bis man sich auf den Weg eines neuen Durchgangs macht.

Katjekte sind zum einen Zeugnisse einer gefundenen Lösung für Probleme der Unentscheidbarkeit, zum anderen jedoch Angriffspunkte für eine kritische, strategische oder therapeutische Wiederauflösung dieser Lösung zugunsten der Suche nach einer neuen.

Anknüpfungspunkte für Probleme einer empirischen, das Phänomen wie dessen Beobachtung betreffenden Unentscheidbarkeit findet man auch bei Aristoteles. Seine der Physik beigesellte Metaphysik war eine doppelte Suche danach, was als Seiendes zu verstehen ist und was es zu diesem Seienden macht: »Seiendes, insofern es seiend ist.«[249] Es ging um Einheiten (*monai*), ihre Selbigkeit, Gleichheit, Verschiedenheit und Entgegengesetztheit, und es ging um Prinzipien (*archaí*), die diese Einheiten zu Einheiten machen. Auch dies ist bereits ein Kalkül, wenn es dabei bleibt, dass Kalküle als Formen der Erprobung von Axiomen zu verstehen sind, die Symbole und Operationen definieren, die ihre rekursive Wiederanwendung ermöglichen. Aristoteles' Axiome sind die einer Kausalität. Er rechnet seine Einheiten zurück auf Material (*hýle*), Form (*eîdos, idea*), Bewirkendes (*kinesis, dýnamis, energeia*) und Ziel (*télos*), die in den philosophischen Schulen viel zu eindeutig als *causae materialis, formalis, efficiens* und *finalis* tradiert werden. Die Unentschiedenheit und Offenheit der aristotelischen Formulierung geht dabei verloren. Man rechnet mehr mit Ursachen als mit Wirkungen, wenn man nicht sogar das eine mit dem anderen gleichsetzt. Es geht mehr um das Bewirken (*kinesis*) als um das Vermögen, bewirkt zu werden (*dýnamis*), und es blieb bei Energie und Entelechie als Suchbegriffen für die unbegriffene Einheit der Differenz.[250]

Die strenge Untersuchung des Seiendes, insofern es seiend ist, also der Einheiten in ihrer Auseinandersetzung mit dem, was sie umgibt (innen und außen umgibt, wie man erst sehr viel später entdeckte), ging dabei verloren. Für die aristotelische Kategorie der Entgegensetzung (*stérēsis*, lat. *privatio*),[251] die der hegelschen Idee der Negativität nahekommt, hatte man nur in der Kabbala Verwendung.[252] Sonst hätte man bereits damals Katjekte bauen können und jedes Phänomen nach seinem Material, seiner Form, seinem Vermögen und seinem telischen Prinzip in der Unterscheidung, Entgegensetzung und im Zusammenhang der Momente untersuchen können:

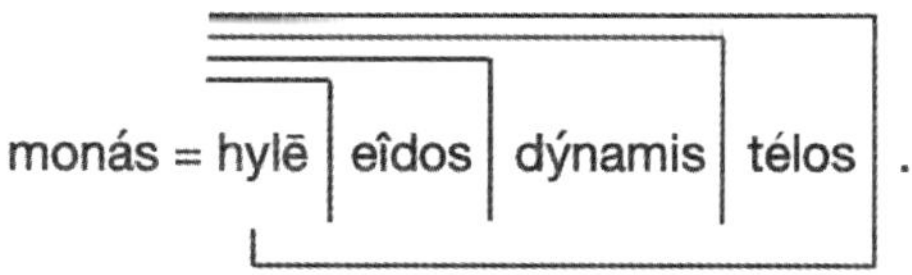

Möglicherweise ist diese verpasste Chance ein Beleg für die theologische Orientierung dieser ersten Philosophie. Man brauchte einen Platz für den ›unbewegten Beweger‹ und unterwarf bei dieser Gelegenheit alles andere den Ursachen anstelle der Wirkungen, der Handlung anstelle der Situation. Ein klarer Fall von ›framing‹. François Jullien hat darauf hingewiesen, dass die chinesischen Weisheitslehren den gegenteiligen, auf situative Empfänglichkeit achtenden Weg einschlugen.[253] Und Gregory Bateson hat daran erinnert, dass die Wirkung *nicht* die Ursache *ist*.[254] Wer von Ursachen spricht und nach ihnen sucht, lenkt nur ab von der Frage, worin und wie sie wirken. Die Metaphysik hat ihren schlechten Ruf nicht verdient. Die Ausgangsfrage war gut gestellt. Es genügt, von Einheit auf Differenz umzustellen und die umgebende und enthaltene Wirk-lichkeit der untersuchten Phänomene in den Blick zu nehmen.

»Alle Menschen streben von Natur aus nach Wissen«, hatte Aristoteles in seiner *Metaphysik* notiert und wohlweislich ergänzt: »Ein deutliches Zeichen dafür ist die Liebe zu den Sinneswahrnehmungen.«[255] Die Differenz ist kein Verweis aufs Übersinnliche, auch wenn nicht garantiert ist, dass sie mithilfe einer Anschauung im Rahmen des gesunden Menschenverstands begriffen werden kann.

Das Wissen der Katjekte hebt das Problem einer Integration von Seins- und Sinnlogik, mit dem sich die Philosophie des deutschen Idealismus beschäftigte, auf die Ebene einer beide Logiken vermittelnden Reflexionslogik. Hatte selbst Hegel die Logik der Objektivität und die Logik der Subjektivität nach Gotthard Günthers Diagnose einander nur gegenüberstellen können, weil beide nicht mehr als zwei Werte zur Verfügung hatten (wahr/falsch und Ich/Nicht-Ich),[256] so arbeitet eine Reflexionslogik mit dritten, vierten und mehr Werten, die nicht binär geordnet, sondern unter der Voraussetzung einer mitlaufenden Umwelt rekursiv und zirkulär in Verhältnisse wechselseitiger Annahme und Ablehnung, Subversion und Unterstützung gebracht werden.[257] Die Binarität wird nicht abgelehnt, sondern aufgehoben. Sie wird als ›technische‹ Erleichterung des Wechsels von einer Seite einer Unterscheidung zu einer anderen anerkannt und zugleich eingebettet in polykontexturale Netzwerke von Unterscheidungen, die konditionieren, wann und wie binäre Unterscheidungen eingesetzt werden. Ein ›Ja‹ fällt leichter, wenn man ihm ein ›Nein‹ gegenüberstellt, aber ohne ein ›Vielleicht‹ und ein ›Ja, aber‹ wüsste man die Entscheidung nicht zu treffen.

Notiert man den Sachverhalt der Reflexion mithilfe eines Katjekts:

Reflexion = Sein | Sinn | ,

versteht man die wichtige Rolle, die spätestens seit Hegel das Element der Negativität als vermittelndes, sowohl ablehnendes als auch reflektierendes Moment spielt, wenn es darum geht, den Sinn von Sein ebenso zu bestimmen wie das Sein des Sinns. Sinn und Sein müssen unterschieden werden – das ist ein erstes Moment von Negativität. Der Sinn muss aber auch in sich negativ ›bewegt‹ sein, um zum einen dem Sein als solchem, als Einheit, als nichtidentisch mit Sinn, und zum anderen verschiedenen Aspekten des Seins gerecht werden zu können. Reflexion ist Reflexion auf den Widerstand des Seins, doch im Medium des Sinns:

Reflexion = Sinn | Sein | .

Man versteht, dass es hilft, dass jeder Sinn, so Deleuze, grundsätzlich gegenläufig und in beiden Richtungen positiv zu lesen ist:[258] Wer jetzt gesund wird, wird zugleich kränker als er sein wird. Nur so behauptet sich die Offenheit auch des Seins gegenüber dem Sinn.

Andererseits ist mit einer Sinnlogik, die »Formen als Inhalte«[259] liest, die Seinslogik umformt und in eine Reflexionslogik integriert, noch nicht viel gewonnen, wenn man davon ausgeht, dass inzwischen auch eine Rechenlogik entworfen werden müsste und hier unklar ist, ob diese die Bemühungen um eine Reflexionslogik unterlaufen würde oder unterstützen könnte. Diese Rechenlogik müsste sich, so Gotthard Günther,[260] auf Phänomene der Selbstorganisation, weder unbedingt wie das Subjekt noch determiniert wie das Objekt, sondern ausgestattet mit einer im Zeitablauf moderierbaren Anzahl von Freiheitsgraden, einlassen und wäre nur noch im Rahmen künstlicher Objekte, das heißt als Beobachtung eines Designs, einer Konstruktion denkbar. Immerhin wäre damit der Schwenk zur menschlichen Praxis, verwirklicht in den Medien der Gesellschaft, Kultur und Technik, abgeschlossen. Jedes Wissen wäre ein Wissen um uns, wäre wieder *téchne* im Sinne der alten Griechen,[261] nämlich ein Gewährenlassen des ›Ge-stells‹ als Gewährenlassen derer, die es gewährenlassen.

Im Moment rechnet diese Rechenlogik nur mit Wahrscheinlichkeiten. Versuche, das menschliche Wissen anhand seiner Verfahren zu symbolisieren,[262] hat man aufgegeben. Stattdessen ist es der Bestand des abrufbaren Wissens, der zu Rate gezogen wird, um offen gelassene

Lücken zu füllen: Antworten auf Fragen, Fortsetzungen von Texten, passende Bilder, funktionierender Code, wobei das eine vom anderen kaum noch zu unterscheiden ist. Ein radikal flächig gehaltenes Weltwissen funktioniert eindeutiger als je zuvor nach den Regeln einer mathematischen Informations- und Signaltheorie, die nichts anderes ausrechnet als Redundanz.[263] Jede Varietät in Text, Bild, Klang, Code und Vernetzung wird unmittelbar verrechnet zu neuen Strukturen der Redundanz:

Wissen = Varietät | Redundanz | .

Wenn es je eine naturalisierte Epistemologie gab, die das Gesamt des Wissens zur Bewertung jedes einzelnen Wissens heranzieht,[264] aber auch umgekehrt mit jedem Prompt zur Erweiterung des Bestands und zu einer neuen Bewertung ansetzt,[265] dann die eines Generative Pre-trained Transformers (GPT). Inzwischen ist sogar die alte Regel, dass das Alphabet gegeben und bekannt sein muss, um jede offene Lücke nach einem Wahrscheinlichkeitsmaß füllen zu können, dahingehend dynamisiert worden, dass das Alphabet, also der Gesamtbestand an Wissen, laufend geändert werden kann, wenn es nur für den einzelnen Moment als gegeben angenommen werden kann. Was ehemals Kontextwissen heißen durfte,[266] ist integriert in eine mit ihrer eigenen Varietät rechnenden Redundanz.

Katjekte zählen, ordnen und zeigen. Sie zählen Aspekte, Inhalte eines Sachverhalts, bringen sie in die Ordnung bestimmter Differenzen und zeigen Stellen an, an denen Anschlussoperationen ansetzen können. Man könnte auch sagen: Katjekte registrieren, protokollieren und kontrollieren. Ohne auf elektronische Medien und digitale Apparate angewiesen zu sein, weisen sie damit alle Eigenschaften auf, die man neuerdings unter das Stichwort der ›Digitalisierung‹ fasst.[267] Das lateinische Wort *digitus* benennt sowohl den Zählfinger einer Hand als auch den Zeigestab, mit dem der Messdiener dem Priester die in der Messe zu lesenden Stellen anzeigt. Beides setzt voraus, dass Inhalte so geordnet werden können, dass sie geeignet sind, gezählt und gezeigt zu werden.

Zählen ist eine elementare Aktivität von Beobachtungen im Raum, die einen Zugriff auf Mengen, wenn nicht Massen (die Zahl als »Profil der Masse«, so Marshall McLuhan)[268] voraussetzt, die sowohl als Menge wie auch in ihren einzelnen Einheiten unterschieden wird, eine bereits ›doppelte‹, zwischen der Menge und ihren Elementen hin und her wechselnde Operation. Zeigen ist ein elementarer Akt der Verständigung zwischen Lebewesen, eine ›Vierheit‹ von Zeiger, Zeigen, Gezeigtem und Adressatem, in dem die Kontingenz der Reaktion, nicht zu reden von möglichen Ablenkungs- oder Täuschungsabsichten immer mitzudenken ist.[269] Das Ordnen kommt bei diesen Betrachtungen oft zu kurz. Es liegt jedoch jedem Strukturbegriff zugrunde, verlässt sich sowohl auf manifeste als auch latente Erfahrungen und dirigiert Erwartungen ihres Bestands und ihrer möglichen Störung.[270] Es hat die Formen des Zusammenhangs, der Verteilung, der Liste, des Nebeneinanders und Nacheinanders, der Abhängigkeit und Bewertung, der Unter- und Überordnung, der Priorität und der Vernachlässigung, der Figur und des Hintergrunds.[271]

Der Formkalkül benennt Zählen und Ordnen als die beiden elementaren Operationen seiner Arithmetik.[272] Gezählt wird durch Wiederaufrufen und Weglassen von Unterscheidungen, geordnet durch Wiederaufhebung. So ergeben sich die beiden Initiale:

Initial 1: Zahl

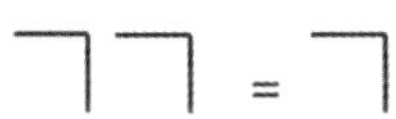

kondensieren
⇄
bestätigen

Initial 2: Ordnung

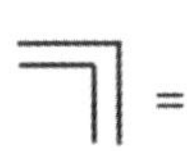

streichen
⇄
kompensieren

Beide Initiale lassen sich in beide Richtungen lesen. Gezählt wird, indem bezeichnete und unterschiedene Einheiten entweder wiederholt und damit bestätigt oder zusammengefasst und damit kondensiert werden. Auf dieser ersten Ebene der Arithmetik gilt noch nicht, was auf der Ebene von Gleichungen höheren Grades für wiedereingeführte Unterscheidungen gilt. Dort verändert die Bestätigung das Bestätigte, indem sie zusätzliche Aufmerksamkeit schafft, den Zweifel weckt und in jedem Fall eine Situation vorfindet, in der dasselbe bereits bezeichnet und unterschieden wurde und durch die Wiederholung ›repräsentiert‹ wird.[273] Dort weckt die Kondensierung den Verdacht, dass Unterschiedliches als Dasselbe gefasst und von Abweichendem abstrahiert wurde.[274] Die Reflexion auf die Form der Zahl durch die Beobachtung zweiter Ordnung schafft somit Probleme, die die Beobachtung erster Ordnung nicht hat. Die Beobachtung zweiter Ordnung entdeckt, dass jede Zahl eine Innenseite und eine Außenseite hat und möglicherweise auf der einen Seite eine Identität des Gezählten konstruiert, die auf der anderen Seite nicht der Fall ist. Zählen wird damit selbst zu einer Konstruktion, von der die Beobachtung erster Ordnung noch nichts weiß.

Geordnet hingegen wird, indem die Markierung eines bezeichneten und unterschiedenen Zustands im Raum kontingent gesetzt wird. Ein wiederaufgehobenes *cross* ist identisch mit dem leeren Zustand. Und umgekehrt ist der leere Zustand identisch mit einem wiederaufgehobenen *cross*. Der Akt der Ordnung ist daher primär ein Akt der Setzung in einem Raum, der von vorneherein mitgedacht, das heißt mitkonstruiert wird. Zählen ist elementar, Ordnen relational. Ordnen stellt eine Relation her, in der die Pole der Relation, die Markierung eines Zustands ebenso wie die Operation der Beobachtung, zur Disposition stehen. Dasselbe gilt für die Relation; sie ist nicht fundamentaler als alles andere. Ordnen geschieht durch eine Setzung, die einen Zustand entweder besetzt oder löscht (so wie die Turing-Maschine nicht nur zählt, sondern auch ordnet[275]), dabei jedoch den jeweils anderen Zustand ›erinnert‹. Die Leere ist unbestimmt, medial geordnet und somit ›empfänglich‹ für Unterscheidungen,[276] ohne auch nur eine dieser Unterscheidungen zu erzwingen. Umgekehrt ist die Fülle, die Setzung, ein Hinweis darauf, dass dort, wo etwas ist, auch nichts sein könnte. Die Leere gehört zu jener Unverwundbarkeit eines selbstberichtigenden Feldes, das Spencer-Brown als Charakteristikum seiner Mathematik erlebte, während er sie schrieb.[277]

Ohne die Leere könnten die Körper sich nicht bewegen, sagt bereits Epikur: »Das All umfaßt ⟨Körper und Leeres.⟩«[278] Das ist die erste digitale Unterscheidung. Und vorsichtshalber fügt Epikur hinzu: »Das Leere vermag weder zu wirken und [›und‹ im Sinne von ›noch‹, DB] Wirkung zu erfahren (…).«[279] Alle Wirkung betrifft Körperliches und geht aus von Körperlichem. Damit wäre ein physikalisches Weltbild belegt, das jedoch schon den Ausgangsgedanken, die Differenz von Körper und Leerem, von Eins und Null, nicht mehr denken kann. Wirkung wird von Nicht-Wirkung unterschieden, doch der Unterschied von Wirkung und Nicht-Wirkung ist weder Wirkung noch Nicht-Wirkung, sondern Ordnung. Das Zählen bewegt sich in einem geordnet-ordnenden Raum, der selbst nicht mitgezählt, aber mitgedacht wird.

Für diesen mitzudenkenden, wenn auch nicht mitzuzählenden Raum stehen die Eins im Sinne von Parmenides und die Leere im Sinne von Epikur. Beide benennen den Raum, von dem aus und auf den hin gezählt werden kann, vergleichbar (je nach Definition) der Null in der Reihe nicht etwa natürlicher, sondern rationaler Zahlen, und dem Fluchtpunkt, der ebenfalls nur perspektivisch, das heißt unter der Bedingung der Reflexion (Spiegelung) auf einen Beobachter, gedacht und bestimmt werden kann.[280] Dieser Raum ist pervasiv im Sinne von Spencer-Brown.[281] Dank seiner Ordnung und Zählung ist jede seiner Stellen von jeder anderen Stelle aus erreichbar, auch wenn diese Erreichbarkeit mit genau den Trennungen rechnen muss, die sie überwindet.

Wem aber zeigt sich dieser Raum? Er zeigt sich einer Beobachtung. Erst das verdient den Namen einer ›Digitalisierung‹. Beobachtungen treffen Unterscheidungen, die eine kontinuierlich vorliegende und mitlaufende Welt in diskrete Einheiten unterscheiden. Die diskreten Einheiten sind die eines Codes. Der Code steht quer zur Welt. Er hat seinen eigenen Kopf. Es wäre übertrieben, von einer ›Übersetzung‹ von Welt- in Codeereignisse zu sprechen, selbst wenn sich diese Formulierung aus der Perspektive des Codes anbietet. Das Codeereignis ist auch nicht nur eine reduzierte Variante des Weltereignisses. Es handelt sich um zwei inkommensurable Datenmengen, die je für sich reiche, aber unterschiedliche Anschlüsse ermöglichen. Ihre Differenz fällt aus einer dritten, beiden Datenmengen äußerlichen Perspektive auf. Aus dieser Perspektive kreieren die Codeereignisse ihre eigene Welt, die mit der analogen Welt, die sie abzubilden versucht, nichts gemein hat außer dem Risiko der Referenz.

Niklas Luhmann hat in diesem Sinne den Vorschlag gemacht, den Begriff der Digitalisierung »aus der Computerbranche« zu importieren und zur Bezeichnung von strukturellen Kopplungen jeglicher Art zu verwenden.[282] Das setzt ein System/Umwelt-Verhältnis voraus. Allerdings geht es nicht darum, ein digital operierendes System von einer analog mitlaufenden Umwelt zu unterscheiden. Nichts schließt aus, dass auch das System analog, das heißt kontinuierlich operiert, man denke nur an soziale und psychische Systeme, Kommunikation und Bewusstsein. Erst insofern, als es sich, mit einem Begriff Humberto R. Maturanas, strukturell an die Umwelt (inklusive anderer Systeme in dieser Umwelt) koppelt,[283] nutzt es Operationen der Digitalisierung. Die strukturelle Kopplung dient innerhalb des sich koppelnden Systems zum Aufbau von Strukturen, die Anschlussoperationen nicht instruieren, sondern orientieren. Es bleibt bei der operationalen Schließung der Systeme. Sie, nicht ihre Umwelt oder gar Systeme in dieser Umwelt, entscheiden über Anschlussoperationen. Aber worauf man sich verlässt und nicht verlässt, stützt und nicht stützt, verdient den Namen einer Struktur.

Die Unterscheidung analoger und digitaler Sachverhalte stammt aus der Kybernetik. Norbert Wiener formuliert sie als eine ›nicht scharfe‹ Unterscheidung, um analoge Geräte zu beschreiben, die Vorgänge in ihrer Umwelt nicht messen, sondern ›regions of attraction‹ unterscheiden.[284] Und er fügt hinzu: »In other words, a certain time of non-reality pushed far enough will make any device digital.« Die Unterscheidung, die getroffen wird, steht orthogonal zur Wirklichkeit, in der dieses von jenem unterschieden wird. Gregory Bateson, der an der Diskussion auf den Macy-Konferenzen beteiligt war (»I am a little disoriented by the opposition between analogical and digital«[285]), wird später darauf hinweisen, dass der Unterschied zwischen einem roten und einem blauen Kreidestrich auf einer Tafel weder im Raum noch in der Zeit zu lokalisieren ist, sondern etwas Abstraktes ist.[286] Er schafft sich seine eigene Zeit, weil er das Produkt einer eigenen Beobachtung ist. Mithilfe dieser Beobachtung zeigt die Unterscheidung sich selbst etwas. Die Voraussetzung einer digitalen Unterscheidung ist damit zum einen die Unterscheidung von zwei Sachverhalten in der Welt und zum anderen die Darstellung dieses Unterschieds in einer Beobachtung, *für die*, um die berühmte Definition der Information von Bateson aufzugreifen, der Unterschied einen Unterschied macht.[287]

Die Diskussion auf den Macy-Konferenzen verfügte noch nicht über den Begriff der Beobachtung, den Heinz von Foerster erst später und nicht zuletzt unter dem Eindruck dieser Diskussion einführen sollte.[288] Umso genauer allerdings hielt man fest, dass die analog/digital-Unterscheidung relativ ist, also keine analogen von digitalen Maschinen oder Systemen zu unterscheiden erlaubt. Das Gehirn ist beides, analog wie digital, so wie auch jedes Organ unter Umständen digital prozessiert, aber analog verfasst ist.[289] Eine diskrete Unterscheidung ist ein Artefakt,[290] so wie man mit einem Beispiel von Warren McCulloch einen analogen Rechenschieber digitalisieren kann, indem man die Schieber mit kleinen Körnern in ihren jeweiligen Positionen hält.[291] Man gewinnt auf diese Art und Weise einen Spielraum für analoge Vorgänge, die ablaufen können, ohne einen Unterschied zu machen, solange sie nicht bestimmte Schwellenwerte überschreiten und dann erst von einem digital unterschiedenen Zustand in einen anderen springen.

Der relative Stellenwert der analog/digital-Unterscheidung bedeutet zugleich, dass es für diese Unterscheidung einen dritten Zustand gibt, in dem ›die Teufel ihr Werk treiben‹ (John Stroud)[292] beziehungsweise der eine ›verbotene Zone‹ (Julian Bigelow)[293] definiert. Eine verbotene Zone jedoch, so nimmt Bigelow seinen eigenen Begriff wieder zurück, kann es nicht sein, da dort keine Operationen stattfinden könnten, es sei denn, es wäre dort alles und nichts möglich.[294] Man einigt sich darauf, dass man anstelle von analog und digital vielleicht besser von ›kontinuierlich‹ und ›diskret‹ sprechen sollte und dass damit das eigentliche Problem, nämlich ein Verständnis der Codierungsleistung von Unterscheidungen, noch nicht gelöst ist. Bateson fasst zusammen, nicht ganz zufriedengestellt: »It would be a good thing to tidy up our vocabulary. We have the word ›analogical‹, which is opposed to the word ›digital‹. We also have the word ›continuous‹, which is opposed to the word ›discontinuous‹. And there is the word ›coding‹, which is obscure to me.«[295] Am Verständnis von Codes wird Bateson in den folgenden Jahren arbeiten.[296] Immerhin war damit die Annahme vom Tisch, über deren Erfolg in der Publizistik man sich bereits auf dieser Konferenz beschwerte, dass die Konferenzteilnehmer auf dem besten Weg waren, kalkulierende Maschinen für kommunikative Prozesse zu entwickeln.[297] Die Unterscheidung zwischen analogen und digitalen Sachverhalten darf nicht so ausgelegt werden, als könne die digitale Unterscheidung die analoge Welt steuern. Die digitale Codierung steuert nichts als sich selbst, kann allerdings auf diese Art und Weise neue analoge Sachverhalte in die Welt setzen, die ihrerseits in dieser Welt auffällig werden und einen eigenen Typ analoger Ereignisse produzieren.

Drei Punkte verdienen, aus dieser Diskussion um die analog/digital-Unterscheidung festgehalten zu werden:

- Erstens bleibt es bei der Gegenüberstellung analog-kontinuierlicher und digital-diskreter Prozesse, die in der Kommunikationstheorie als Unterscheidung widersprüchlich-widerständiger Kommunikation auf der einen Seite und negationsfähig-komplexer Kommunikation auf der anderen Seite ausgearbeitet wurde.[298]

- Zweitens kann im Rahmen einer Theorie der Codierung ein dritter Typ der Codierung unterschieden werden, der die analoge und digitale durch die Gestalt-Codierung ergänzt und neben einer Unterscheidung wie Figur und Hintergrund wie eine Art ›envelope‹ die Einheit der Differenz von analog und digital betrifft.[299]

- Und drittens ist es für das Verständnis von Prozessen der Digitalisierung wichtig, dass analoge Sachverhalte weder übersetzt noch gesteuert, sondern nach Kriterien registriert und protokolliert werden, die die eines beobachtenden Systems sind. John von Neumann hat daraus sein Theorem der Reproduktion zuverlässiger Organismen aus unzuverlässigen Komponenten gewonnen.[300]

In der gestalthaften Ausdifferenzierung und Reproduktion eines beobachtenden Systems aus unzuverlässigen Komponenten kommen alle drei Aspekte des Zählens, Ordnens und Zeigens von Katjekten zusammen. Katjekte rechnen nicht nur mit Widerstand, sie suchen den Widerstand als Anhaltspunkt im analogen Material. Katjekte reflektieren ihre eigenen Unterscheidungen als kontingent, als Substitute einer Leere, die weitere, bisher ausgeschlossene Möglichkeiten enthält. Katjekte integrieren Beobachtungen mit Beobachtungen zweiter Ordnung, so dass sich in und mit ihnen etwas zeigt, das Anschlüsse ermöglicht.

Im Moment, so viel ist zuzugeben, können Katjekte noch nicht digital geschrieben werden. Erste Versuche liegen vor,[301] doch solange keine entsprechenden Subprogramme für LaTeX vorliegen, *crosses* und *re-entries* in einem Textverarbeitungs- und Formelprogramm zu schreiben, wird es wohl auch keine Software und Algorithmen geben, die mit Formen rechnen können, ganz zu schweigen davon, dass dann immer noch ein Weg gefunden werden muss, imaginäre Werte in Gleichungen höherer Ordnung zu repräsentieren.

Jedes Katjekt ist ein Satz, jeder Satz ein Bild, jedes Bild ein Spiel und jedes Spiel eine Rechnung. Es ist eine Metapher, bestehend aus weiteren Metaphern. »Ein Nervenreiz,« so Friedrich Nietzsche, »zuerst übertragen in ein Bild! Erste Metapher. Das Bild wird nachgeformt zu einem Laut! Zweite Metapher. Und jedesmal vollständiges Überspringen der Sphäre, mitten hinein in eine ganz andre und neue.«[302] Zwischen diesen Metaphern herrscht »keine Kausalität, keine Richtigkeit, kein Ausdruck, sondern höchstens ein ästhetisches Verhalten, ich meine eine andeutende Übertragung, eine nachstammelnde Übersetzung in eine ganz fremde Sprache: wozu es aber jedenfalls einer frei dichtenden und frei erfindenden Mittelsphäre und Mittelkraft bedarf.«[303]

Kannte Nietzsche den Stand der neurophysiologischen Forschung? Als er 1873 seinen erst im Nachlass publizierten Vortrag über »Wahrheit und Lüge im außermoralischen Sinne« hielt, war Johannes Müllers *Handbuch der Physiologie des Menschen* (1833/1834/1840) schon seit Jahrzehnten auf dem Markt, war das *Handbuch der Physiologischen Optik* (1867) von Hermann von Helmholtz erschienen und hatte Gustav Theodor Fechner seine *Elemente der Psychophysik* (1860) veröffentlicht.[304] Müller hatte das ›Gesetz der spezifischen Sinnesenergien‹ formuliert, demgemäß eine Sinnesempfindung nicht von der Qualität des

Reizes, sondern vom Zustand der Sinnesnerven abhängig ist.[305] Dieses Gesetz wurde wegen seiner kontraintuitiven Einsicht zwar nicht zur Grundlage der neurophysiologischen Forschung, löste jedoch so etwas wie eine subkutane Unruhe aus, die sich ebenso prägnant in der fortdauernden Auseinandersetzung mit der Philosophie Kants wie in der genealogischen Forschung Nietzsches niederschlägt.[306] Kritisch kann die Vernunft sich nur selbst begründen; und jede Moral dient nur dem Eigeninteresse des Lebens. Man stieß auf Phänomene der Selbstorganisation.

Paradigmatischen Stellenwert erlangt Müllers Gesetz jedoch erst in der Kybernetik zweiter Ordnung und der dazu gehörenden konstruktivistischen Epistemologie.[307] Heinz von Foerster greift Müllers Gesetz als ›Gesetz von der undifferenzierten Codierung‹ auf und macht es zur Grundlage seiner Überlegungen zur operationalen Schließung selbstreferentieller Systeme: Nervenzellen codieren nicht das Was einer physischen Erregung, sondern das Wieviel.[308] Die Qualität aller Sinneseindrücke, Farben, Klänge und Figuren, wird im System produziert. Operationale Schließung tritt an die Stelle von Input/Output-Vorstellungen.[309] Humberto R. Maturana und Francisco J. Varela bauen diese Überlegung zum Theorem der Autopoiesis von Zellen und Organismen aus.[310] Niklas Luhmann erprobt denselben Gedanken an den Beispielen sozialer und psychischer Systeme.[311]

Seither muss der ›logische Raum‹, der Raum der Rede, von dem Wittgenstein gesprochen und den sein *Tractatus logico-philosophicus* zwischen Sachverhalt, Satz, Bild, Gedanke, Wahrheit und Schweigen erkundet hat, nur um ihn später um das Sprachspiel, ein ›unscharfes Bild‹, verstanden als Kultur und Lebensform,[312] zu erweitern, multireferentiell verstanden werden. Darin liegt die eigentliche Botschaft einer Wahrheitsfunktion, die als ›allgemeine Form des Satzes‹ alle Wahrheitswerte *p* und alle Satzvariablen ξ mit der Negation, *N*, aller Satzvariablen gleichsetzt: »Die allgemeine Form der Wahrheitsfunktion ist: $[\bar{p}, \bar{\xi}, N(\bar{\xi})]$.«[313]

Die Negation ist die universelle Operation nicht nur deswegen, weil sich in der Logik alle anderen Formen des Schließens auf sie reduzieren lassen,[314] sondern auch deswegen, weil in der Form der Negation die Reflexion auf die Komplexität der an einem Katjekt beteiligten Systeme Organismus, Gehirn, Bewusstsein, Gesellschaft und Technik mitläuft. Die Systeme stehen orthogonal zueinander; sie lassen sich auf keinen genetischen Willen zur Reproduktion, keinen Mechanismus neuronalen Lernens, keinen Idealismus des Gedankens, kein historisches Gesetz der Gesellschaft und keinen Materialismus der physikalischen Wirklichkeit reduzieren und keiner gemeinsamen Vernunft unterwerfen. Die Basis für eine grundsätzlich situative und momentane Synchronisation der Systeme ist die Anerkennung ihrer Kontakte suchenden Unabhängigkeit sowie eben jenes ›ästhetische Verhalten‹, von dem Nietzsche gesprochen hat. Ästhetisches Verhalten akzeptiert ›Unbestimmtheitsstellen‹,[315] Leerstellen in den eigenen Systemoperationen, um Spielraum für strukturelle Kopplungen zu gewinnen, die die eigenen Operationen nicht festlegen, sondern allenfalls anregen.

Unter der Annahme, dass der logische Raum, in dem sich Katjekte multireferentiell ausdifferenzieren und reproduzieren, ein Raum ist, der seine eigene Möglichkeit, gewonnen aus Satz, Bild und Spiel, in der Auseinandersetzung mit einem derart konstruierten Sachverhalt laufend errechnet, kann man für das Katjekt selbst folgende Form anschreiben:

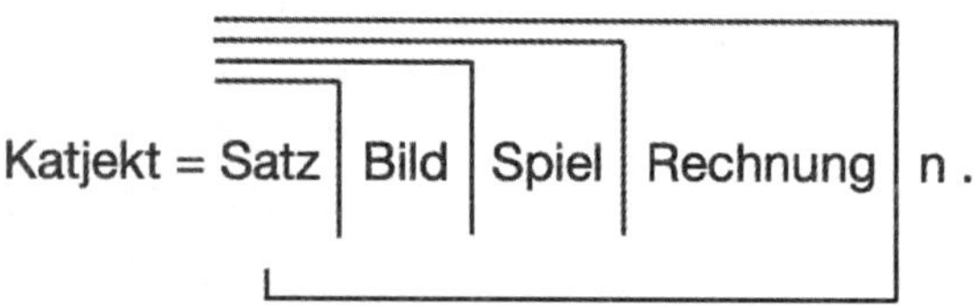

Der Satz steht unter vier *crosses*, ist also vierfach determiniert und vierfach negiert: als Satz, als Satz für ein Bild, als Satz für ein Bild in einem Spiel, als Satz für ein Bild in einem Spiel, das Inhalte errechnet, und schließlich als Hinweis auf eine unbezeichnet bleibende Außenseite, *n*, der Form.

Der logische Raum des Katjekts verdeckt den Unterbau jener Systeme, die für einen Moment, unter Umständen wiederholbar, kultivierbar und institutionalisierbar, jedoch durchgängig negierbar und streichbar, synchronisiert sein müssen, um dieses Katjekt als das Katjekt eines Sachverhalts *X* zu errechnen. Die Metaphern Nietzsches, erweitert um eine Metapher für den Rechner, können wie folgt angeschrieben werden, um *X* als das Produkt einer widerständigen Synchronisation (›X-Synchronisation‹) zu beschreiben:[316]

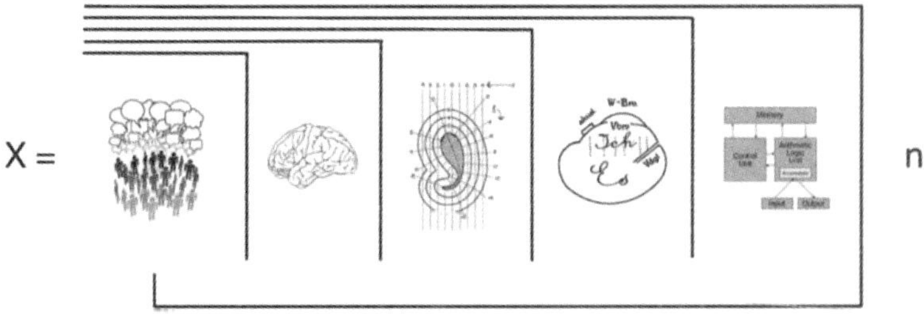

mit  = Gesellschaft, doppelt-kontingent

 = Gehirn, prädiktiv

 = Organismus, irritabel

 = Bewusstsein, imaginierend

 = Rechner, (nicht-)trivial

n = unmarked state

Jeder Sachverhalt *X*, soll das heißen, ist der Gegenstand eines in Gesellschaft kommunizierten Satzes, einer vom Gehirn eines Organismus erlernten Erwartung, einer bewussten Vorstellung und einer wie auch immer errechneten technischen Festlegung unter Berücksichtigung einer mitlaufenden, nicht markierten Außenseite der Form.

Könnte man jedes der beteiligten Systeme in seinen Operationen analytisch berechnen und würde jedes der

Systeme sich an eine bekannte oder vielleicht noch zu entdeckende, zu entwickelnde oder zu erfindende Logik halten, könnte man ihr Zusammenwirken im Sinne einer *mathesis universalis* beziehungsweise eines *calculus rationator* beschreiben, wie Leibniz sie sich vorgestellt hat.[317] Nach allem, was man bislang weiß, scheint das jedoch nicht der Fall zu sein, zumal die Mathematik hinlänglich nachgewiesen hat, dass logisch kein System vorstellbar ist, in dem nicht Sätze ableitbar wären, die sich selbst widersprechen würden.[318] Ihre Negativität, abgesichert in ihrer Widersprüchlichkeit, synchronisiert die Systeme für jene akuten und aktuellen Momente, in denen sie nicht mit anderem beschäftigt sind.

Umso weniger kann es überraschen, dass alle beteiligten Systeme primär im Modus ihrer Widersprüchlichkeit beschrieben werden. Dank doppelter Kontingenz der beteiligten Beobachterperspektiven – *A* erwartet, dass *B* erwartet, dass *A* erwartet, dass *B*... – läuft jede Kommunikation in Gesellschaft nicht nur auf ein offenes Ende zu, sondern schafft dieses offene Ende als Voraussetzung des Umgangs mit ihrer eigenen Unwahrscheinlichkeit.[319] Dank seines sogenannten *predictive coding* ist eine Gehirn nicht anders vorstellbar als im Modus eines Rechnens mit Enttäuschungen und eines nur deswegen korrekturbereiten Lernens[320] – so sehr die Enttäuschungen mit zunehmendem Alter den Charakter der Bestätigung annehmen mögen. Für das Leben des Organismus hat man schon früh festgestellt, dass Irritabilität sein allgemeinster Charakterzug ist, so sehr die homöostatische Anpassung an die eigene innere Umwelt und zu diesem Zweck die Reizabfuhr jede Reaktion prägen mögen.[321] Für das Bewusstsein ist die Fähigkeit und Bereitschaft zum Widerspruch so gut belegt, dass es kaum der Hinweise von Sigmund Freud auf die Psychodynamik von Es, Ich und Über-Ich oder der Hinweise von Jacques Lacan auf das nie still zu stellende Begehren in den Reibungen zwischen symbolischem Gesetz, imaginären Vorstellungen und unerreichbarer Realität bedarf, um den grundsätzlich negativen Charakter des Bewusstseins zu unterstreichen.[322]

Wirklich interessant wird diese Überlegung einer inhärenten Widersprüchlichkeit erst beim Rechner, denn zum einen richtet sich der Ehrgeiz der Ingenieurwissenschaften auf eine mathematische Abbildbarkeit physikalischer Prozesse, die im Prinzip auch dann konsistent nachvollziehbar sein soll, wenn sie in den real existierenden Programmen und Algorithmen unübersichtlich und überraschend geworden ist.[323] Zum anderen jedoch ist der Rechner als Maschine, Display, Netzwerk, Register und Protokoll so sehr ein ›Theater‹ der sozialen Prozesse, in die er eingebettet ist,[324] und so sehr ein ›Medium‹ der Kommunikation, an der er sich mit eigenen Inhalten beteiligt,[325] dass Annahmen der Unberechenbarkeit für ihn nicht gelten müssten, um dennoch für sein Zusammenspiel mit dem Menschen der Fall zu sein. Auch der Computer rechnet mit Leerstellen, um ein *user interface* bieten zu können, das für Wahrnehmung, Vorstellung und Gebrauch hinreichend attraktiv ist.[326] Der Computer ist nicht mehr nur Register und Programm, sondern auch Interaktion,[327] wenn möglich mit einem maximalen Angebot an Referenz auf eigene Leistungen und einer minimalen Belastung seiner Nutzer.[328]

Dazu gehört die Intransparenz des Rechners. Nicht nur seine enormen Speicher, seine ultraschnellen Operationen und seine Sensoren gesteigerter Granularität bedingen, dass er für menschliche Nutzer undurchschaubar wird. Sondern auch die Umstände einer nur momenthaften Synchronisation mit Wahrnehmung, Vorstellung und Gebrauch fordern, dass ›black boxing‹ zur Prämisse seiner Gestaltung wird.[329] Er muss undurchschaubar sein, weil nur so die Nutzer durch ihre eigenen Interessen gebunden werden können. Wenn man heute fordert, dass Künstliche Intelligenz ›explainable‹ zu sein hat,[330] gilt das nicht der unmöglichen Transparenz ihrer Prozesse, sondern der Plausibilität nachvollziehbarer Ergebnisse, das heißt einer zusätzlichen Leistung des Rechners in der Gestaltung seiner multimedialen Bildschirme. Der Computer muss keinen Turing-Test bestehen, wie man immer wieder gefordert hat, weil man ihn mit dem menschlichen Bewusstsein verglichen hat,[331] sondern er muss einen Durkheim-Test bestehen, wie Susan Leigh Star vorgeschlagen hat:[332] Als Bestandteil eines distributiven und über ihn hinausgreifenden Systems muss er in einer Gemeinschaft von Nutzern eine sinnvolle Funktion erfüllen. ›Intelligent‹ ist er nicht dann, wenn er denkt, dass er denkt, sondern dann, wenn er reaktionsfähig Beiträge zur Lösung von Problemen liefern kann. Wenn dies dann überraschende Lösungen zuvor schlecht verstandener Probleme sind,[333] umso besser. Inzwischen weiß man dank ChatGPT auch, wie sehr die sogenannte KI zu ›Halluzinationen‹ neigt, also dort korrekte Ergebnisse simuliert, wo keine zu finden sind, und nimmt diese Erfahrung dankbar zur Kenntnis, weil sie sich auch in der Beobachtung ›menschlicher‹ Kommunikation bewährt.

Der Traum von der sich selbst reproduzierenden Maschine ist noch nicht in Erfüllung gegangen, doch ›postdigital‹ eingebettet in die Umstände seines Gebrauchs hat der Rechner jenen Grad einer minimalen Komplexität erreicht,[334] die seine Reproduktion im Kontext seiner sozialen, psychischen und physischen Umwelt ebenso ermöglicht wie unberechenbar macht: Sobald ein System sich selbst beschreiben kann und sobald diese Beschreibung unvollständiger ist als das System, das beschrieben wird, kann es, so die Überlegung von John von Neumann, zu einer Reproduktion dieses Systems kommen, die Irrtümer nicht nur enthält, sondern auch überlebt.[335]

Es gibt keine Theorie des Rechners, so die Feststellung von Brian Cantwell Smith.[336] Sein Versuch einer Theorie des »dialectical interplay of meaning and mechanism« ist über die Einführung bis heute nicht hinausgekommen.[337] Es kann nur eine Theorie algorithmischer Zeichen geben, die als Schnittstelle zwischen maschinell determinierten Prozessen auf ihrer ›Unterfläche‹ und semiotisch und sozial interpretierbarem Sinn auf ihrer ›Oberfläche‹ zu verstehen sind.[338] Algorithmen kommen nicht allein, sondern als Elemente von ›Algorithmuskulturen‹,[339] an denen gesellschaftliche ebenso wie mentale Prozesse beteiligt sind und die wie jede Kultur auffällige und unauffällige, verfügbare und unverfügbare, selbstverständliche und ungewöhnliche Faktoren übergreifen.

Immerhin ist vom Rechner zu lernen, dass die informatische Gleichung $i = i + 1$ für alle Systeme gilt, sobald sie über selbstreferentielle Operationen verfügen: Jede Operation i ist eine Anweisung, eine anschließende Operation zu suchen und zu vollziehen.[340] Es gibt für diese Systeme keine Identität mit sich selbst. Jedes System, S, ist eine Funktion, S, seiner selbst, S, und seiner Umwelt, U: $S = S (S, U)$. In der Auseinandersetzung mit seiner Umwelt ist das System mit sich nicht-identisch: $S \neq S$.[341] Systeme sind ihre Lücke, um nicht zu sagen ihre Leerstelle im Umgang mit sich und ihrer Umwelt. Nur das hält sie auf Trab. Für den Computer heißt das, dass er auf eine Energiequelle angewiesen ist, die ihm zugleich den Takt vorgibt. Organische, psychische und soziale Systeme sind so, wie sie in der Theorie selbstreferentiell autopoietischer Systeme konzipiert werden, ihre eigenen Taktgeber. Für diese Systeme gilt jedoch ebenso wie für die synthetischen Systeme der Informatik, dass sie in keinem Zustand verharren, solange sie ›laufen‹, sondern in einem ›event-loop‹ ständig auf neue Ereignisse warten.[342]

Die Außenseite eines Katjekts, das die Synchronisation heterogener Systeme zu einem Phänomen X beschreibt, bleibt unbezeichnet: n für *unmarked*.[343] Beobachtungen erster und zweiter Ordnung sind frei, hier einzusetzen, was immer es ihnen erlaubt, ein Katjekt in der Wirklichkeit zu verankern, von den Elementen Erde, Wasser, Luft und Feuer bis zu Gott, Welt und Zufall, beziehungsweise was immer sie glauben, als latente Prämisse der in einem Katjekt komponierten Inhalte identifizieren zu können, von der Schöpfung über Natur und Geschichte bis zur Menschheit, ihrer Gesellschaft und dem Planeten, den sie besiedeln.

Berücksichtigt man die doppelte Komplexität jeder *X*-Synchronisation, die es zum einem mit komplexen, nur durch ihre Selbstorganisation zu beschreibenden Systemen zu tun hat (eine Komplexitätsschwelle, die der Rechner noch nicht genommen hat) und zum anderen jeden Kontakt zwischen diesen Systemen nur als komplex, das heißt als nicht reduzierbar auf eine der beiden Seiten des Kontakts, verstehen kann, lässt sich die obige *X*-Gleichung auf die folgende reduzieren:

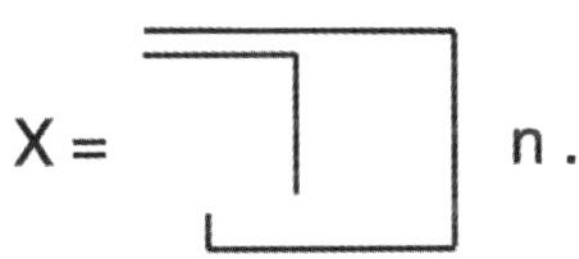

Das ist die Mutter aller Katjekte. Jedes *X* ist das operative Ergebnis der Wiedereinführung miteinander kommunizierender Leerstellen ungenannter Systemreferenzen in einen offenen Raum ihrer eigenen Möglichkeit.

Arithmetisch entspricht dies der Gleichung Spencer-Browns für ›Ordnung‹:[344]

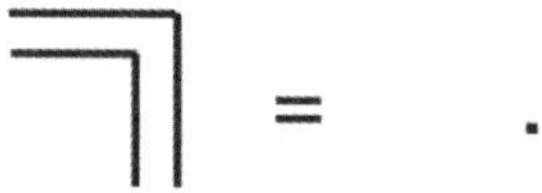

Theodor W. Adorno kam der Wahrheit näher, als er es sich in seiner Polemik vermutlich gedacht hatte: »Heute ist von Systemen nur noch der blasse Umriss des Ordnungsschemas übrig (...).«[345] Jedes *X* kompensiert die Möglichkeit seiner Streichung. Systeme sind selbst der ›Realitätsunterbau‹,[346] zu dem sie keinen Zugang finden.

Die verlässlichste Größe der *X*-Gleichung ist das Gleichheitszeichen. In ihm bündeln sich Leistung und Risiko aller Beobachtungen erster und zweiter Ordnung. Es organisiert jede Identitätsbehauptung. Und an ihm entzündet sich alle Kritik, wenn Beobachtungen erster und zweiter Ordnung nicht konvergieren. Gegenüber dem Gleichheitszeichen, gegenüber Identität und Kritik behaupten beide Seiten der Gleichung jedoch nach wie vor ihr Spiel.

Katjekte sind gesellschaftliche Ereignisse. Sie integrieren Beobachterperspektiven, die im nächsten Moment wieder auseinanderfallen. Darin besteht ihre Leistung. Indem sie Beobachterperspektiven integrieren, machen sie sie differenzierbar. Das ist ihr Kalkül, orientiert an der Frage, ob Integration und Differenzierung erneut gelingen werden. Sie treten massenhaft auf und verschwinden massenhaft. Niemand führt Buch. Sie werden manifest und bleiben latent.

Sie verhalten sich zur sozialen Situation wie die Ableitung zu ihrer Funktion. In der Ableitung sind die drei Leistungen der Ausdifferenzierung (in der Sache), der Reproduktion (in der Zeit) und der Integration (im Sozialen) gebündelt, obwohl jede soziale Situation sie in Frage stellt. Der Gesellschaftsbegriff ist deswegen zu prozessualisieren. Prozesse sind ›Konstruktionen‹, so Alfred North Whitehead mit David Hume: sie verknüpfen je aktuelle Zustände mit ›Entscheidungen‹ zugunsten neuer, veränderter Zustände und ›ergreifen‹ (*prehend*) zu diesem Zweck Kriterien, die jeden dieser Zustände übergreifen.[347] Die Substanz der Gesellschaft, besser: ihre Formen im Medium ihrer selbst, besteht aus Prozessen der Vergesellschaftung, in denen nicht nur das Verhältnis der Inhalte zueinander laufend neu sortiert wird, sondern auch das Verhältnis dieser Inhalte zu ihrer Umwelt neu geregelt wird.[348] Das Verhältnis der Inhalte untereinander wird *als* ihr Verhältnis zur Umwelt, *und umgekehrt*, laufend neu geordnet. Das war schon immer so. Es gilt für die tribale, die feudale, die moderne und die nächste Gesellschaft. Es definiert den Inbegriff nicht nur von Gesellschaft, sondern auch von Kultur, auch wenn die Kultur einen weiteren Parameter ins Spiel bringt, nämlich die normative Vorstellung zu bewahrender Werte, sei es als Einspruch gegen, sei es zur Unterstützung aktueller gesellschaftlicher Zustände.[349] In diesem Prozess der Vergesellschaftung ist jeder Inhalt als mit sich identisch und von sich verschieden zu verstehen.[350] Er ist eine Funktion seiner Verbindungen, und umgekehrt. Nur so besitzt er die Beweglichkeit, sich immer wieder neu zu konfigurieren, ohne dabei den Anspruch aufzugeben, den er sich selbst schuldig ist.

Mit dem Auftreten der beschleunigten Kontrolloperationen des Computers müssen auch die Katjekte beschleunigt werden. Sie müssen schneller entstehen, schneller rechnen und schneller zerfallen. Das heißt nicht, dass Kultur und Gesellschaft insgesamt errechnet werden, aber es bedeutet, dass Katjekte an der Entstehung einer neuen Kulturform der Gesellschaft partizipieren, die sich nicht mehr auf die Vernunft der modernen Buchdruckgesellschaft, sondern auf die Komplexität einer Gesellschaft bezieht, der elektronische Medien den Takt vorgeben.[351]

Unter dem Titel ›Gesellschaft‹ wird notiert, als was sie in der Soziologie tendenziell immer schon geführt wurde. Comte spricht nicht von der Gesellschaft, aber er hat einen

Begriff des Ganzen, der ausschließlich die Funktion hat, vor der Isolation ihrer Teile zu warnen. Nur in diesem Sinne gilt die Regel, »das Ganze den Teilen vorausgehen (...) zu lassen.«[352] Ein isoliertes Studium sozialer Vorgänge kann es nicht geben.[353] Die Funktion eines Begriffs des Ganzen – und ebenso der Gesellschaft – ist ausschließlich analytisch. Der Begriff des Ganzen ist allenfalls dann festzuhalten, wenn es um den Widerspruch der Teile gegen das Ganze geht, um ›Teil‹ zu sein, müssen sie sich vom ›Ganzen‹ unterscheiden.[354]

Es gibt keinen Grund, vom Begriff der Gesellschaft auf eine damit gegebene Substanz, sei sie historisch, normativ oder deskriptiv gegeben, zu schließen. Gegen diese ›fallacy of misplaced concreteness‹[355] opponiert die gesamte Soziologie. Die Gesellschaft ist vielmehr jener pervasive Raum, der alles durchdringt, was sozial genannt zu werden verdient. Luhmann fasst sie als eigenes System, aber dieses System ist nicht viel mehr als die Bedingung der Fortsetzbarkeit jeglicher Kommunikation: einer Kommunikation, die nicht *die* Gesellschaft erreicht, sondern immer nur lokale und situative Konstellationen vor einem mehr oder minder globalen Horizont.[356] Der Gesamtzustand der Gesellschaft als Kommunikation läuft in jeder Operation mit, wenn auch nur als unbestimmter Schatten eines Überflusses an weiteren Möglichkeiten. Georges Bataille hat Recht: Die Gesellschaft ist als ihre eigene Verschwendung zu denken,[357] deren Kehrseite die Armut, der Mangel jeder konkreten Operation, jeder Kommunikation hier und jetzt zu sein scheint. Man hat jedoch in jeder Situation die Wahl, sowohl auf die aktuelle Beschränkung als auch die potenzielle Erweiterung zu schauen. Eben das definiert den ›Sinn‹ jeder Kommunikation.[358] Die Topoi der Kommunikation sind ohne ihre eigene Utopie nicht zu denken.

Die Gesellschaft ist der Kalkül einer Fortsetzbarkeit von Kommunikation unter der Bedingung entweder der Fortsetzung im Rahmen der Struktur eines Katjekts oder eines Wechsels zu einem anderen Katjekt. Katjekte konditionieren die Fortsetzung der Kommunikation unter der Bedingung eines mitlaufenden Wechsels (*switching* im Medium des Sinns)[359] zwischen Katjekten:

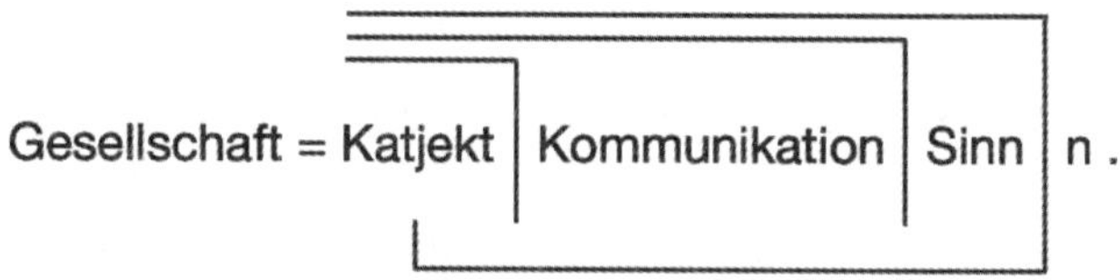

Gegenüber dieser Struktur einer Bedingung der Fortsetzbarkeit der Kommunikation ist die Gesellschaft »konstitutiv nachträglich«.[360] Sie kommt zu spät für jede einzelne Kommunikation, kann aber nur so ihre soziale und zeitliche Bindung entfalten, wer oder was auch immer sich dann daran hält. Dass diese Bindung in jedem Moment unterlaufen werden kann, hindert sie nicht daran, mächtig zu werden. Im Gegenteil, sie bezieht ihre wichtigsten Motive daraus, dass auf sie nur unzuverlässig Verlass ist.

Ob die Gesellschaft selbst als autopoietisches System im Sinne Luhmanns zu verstehen ist,[361] kann hier offenbleiben. Es bietet sich an, sie eher zu jenem Realitätsunterbau zu zählen, den sie selbst nicht erreicht. Sie ist ein Netzwerk im Sinne Harrison C. Whites, in dem massenhaft Katjekte auftauchen und verschwinden: White spricht von ›Disziplinen‹, die jeweils Bewertungen ermöglichen, wenn Probleme der Qualität (durch ein *interface*), der Reinheit (durch eine *arena*) oder des Prestiges (durch ein *council*) zu lösen sind, und stellt ihnen bloße ›Verknüpfungen‹ (*ties*) als ›failed disciplines‹ gegenüber.[362] Sie ist das Medium im Sinne einer Menge lose gekoppelter Inhalte, denen Katjekte vorübergehend eine feste, ›dingliche‹ Form geben.[363] Luhmann empfiehlt deswegen, die Theorie der Kommunikation auf einen Begriff des Prozessierens der Differenz von Medium und Form umzustellen.[364] Dies definiert den elementaren soziologischen Kalkül.[365] In jedem Katjekt läuft die Reflexion auf die Medialität der Form, die es jeweils realisiert, mit. So bleibt die Variation aller beteiligten Inhalte immer in Reichweite. Und so kann man es riskieren, den dauernden Zerfall der Katjekte als Beitrag zu ihrer Reproduktion zu werten. Katjekte zerfallen in das Medium ihrer Möglichkeit, in dem ihr Abfall von neuen Katjekten aufgegriffen und rekombiniert wird.

Insofern partizipieren Katjekte am Zerfallsgesetz sozialer Systeme, das Luhmann formuliert hat: Ihr Zerfall ermöglicht ihre Rekombination. Und nicht nur das. Systeme erzwingen ihren Zerfall, um sich erneuern zu können, in der Gesellschaft wie in der Natur.[366] Ihr Zerfall in das Medium ihrer selbst ist der schwankende Grund, auf dem sie ihre wichtigste Leistung, für einen Moment Erwartungen bilden zu können, wie es weitergeht, errichten. Als gesellschaftliche Ereignisse sind Katjekte unter allen Umständen funktional zu definieren. Jeder Inhalt innerhalb eines Katjekts steht in Beziehungen der Abhängigkeit, der wechselseitigen Negation und Implikation, zu allen anderen Inhalten. Jedes Katjekt muss verstanden werden, mit Claus-Artur Scheier, als ein »*Feld von Differenzen* (...), bloßer (immer noch mit Hegel gesprochen) Negativitäten.«[367] Jeder Inhalt in Differenz zu allen anderen Inhalten ist in diesem Zusammenhang die Lösung eines Problems beziehungsweise das Argument einer Funktion, die Probleme und Lösungen untereinander vergleichbar macht.[368] Überraschend ist nur, dass die Kontingenz sowohl des Problems als auch der Lösung diesen funktionalen Bezug erst eröffnet. Allerdings ist in Rechnung zu stellen, dass interne (strategische) und externe (wissenschaftliche, therapeutische) Beobachtung dieser Kontingenz durchaus differieren können. Der Beobachter, so Luhmann, sieht andere Freiheitsgrade als der Gegenstand: »Diese Überforderung [des Gegenstands durch die Beobachtung, DB] ist jeder Beobachtung immanent.«[369]

Katjekte überfordern das Bewusstsein. Es verarbeitet sie allenfalls intuitiv, informiert durch seine eigene Geschichte, oder, wie hier, mithilfe von Schrift. So oder so weicht es ab vom Eigensinn der Kommunikation. Es macht sich sein eigenes Bild. Es verarbeitet Vorstellungen, die eher etwas mit Ahnung als mit Wissen zu tun haben. Im Kontakt mit der Irritabilität des Körpers und der Unruhe des Gehirns, verrechnet es die Inhalte eines Katjekts eher unscharf als scharf. Es ist selbst auf dem Sprung. Es präzisiert und verwischt die Inhalte und unterstützt so eine Kommunikation, die immer wieder neu entscheiden muss, ob ein Katjekt nachzujustieren oder zu wechseln ist.

Die Struktur des Bewusstseins hat selbst die Form eines Katjekts. In den beiden überlieferten Fassungen von Sigmund Freud und Jacques Lacan lässt es sich wie folgt anschreiben:[370]

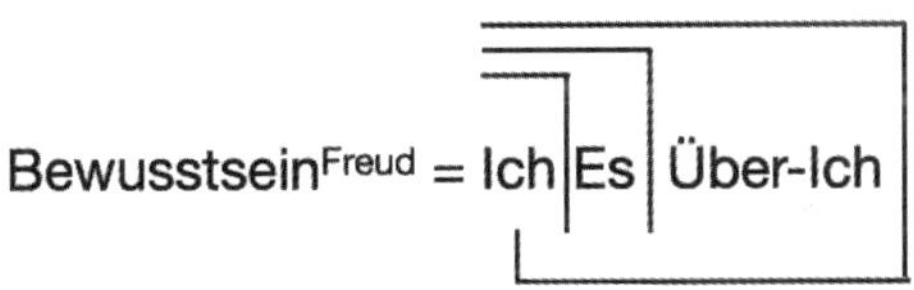

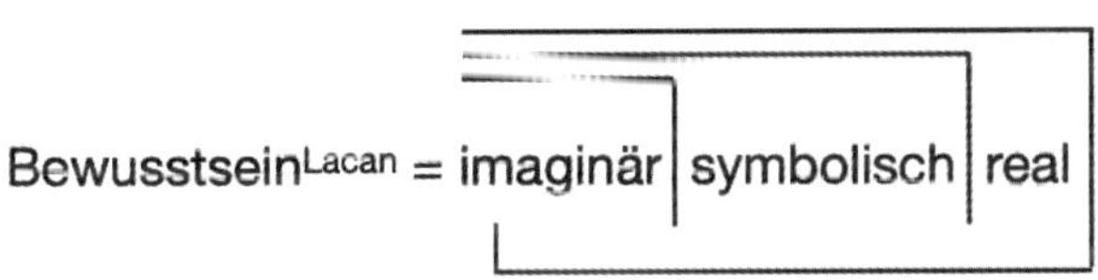

In beiden Fällen kann ein Bewusstsein sein Ich beziehungsweise seine imaginären Vorstellungen nur gewinnen und aufrechterhalten, wenn es sie zugunsten der negierten Strukturen eines Es und Über-Ich, einer übermächtigen Symbolik und sich entziehenden Realität negiert – eine doppelte Negation, wenn es je eine gab.

In beiden Fassungen wird die Intentionalitätsstruktur, die Edmund Husserl dem Bewusstsein zugeschrieben hat,[371] zu einer Heuristik entfaltet, die laufend und bei Bedarf steigerbar dem Verdacht nachgeht, getäuscht zu werden und sich selbst zu täuschen. Meditativ ebenso wie therapeutisch erfährt das Bewusstsein, das ebenso wie sein Gegenstand zunächst nichts anderes ist als ein ›leeres Etwas‹,[372] von seiner Verführbarkeit.

Die Arbeit mit Katjekten ist auf das Bewusstsein angewiesen. Im Bewusstsein seiner Überforderung bringt es genügend Erfahrung im Umgang mit Symbolen, genügend Imagination und genügend Wissen um die Unerreichbarkeit einer mitlaufenden Realität mit sich, um das Spiel der Inhalte nachvollziehen und mit Ideen anreichern zu können. Je mehr es sich als Funktion der Kommunikation weiß,[373] desto wacher ist es für deren zwischen Setzung, Oszillation und Negativität aufgespannten Raum der Möglichkeiten. In der Erfahrung seiner Abhängigkeit erfährt und pflegt es seine Unabhängigkeit. Gegen die immer mitlaufende Behauptung physikalischer (eher als physischer) Determination setzt es die Behauptung seines ›Ich-jetzt-hier‹, der keine Vergänglichkeit der Zeit und keine Leere des geordneten Raums etwas anhaben können.[374]

Mithilfe künstlerischer Erfahrungen trainiert das Bewusstsein das Wissen um seine Überforderung. Es konfrontiert sich einer ›gegenstandslosen Welt‹,[375] in der die Dinge ihre Abzählbarkeit und ihre perspektivische Ordnung verlieren und Leerstellen eine Bedeutung gewinnen, die auf das unbedingte Subjekt ebenso verweisen wie auf die Selbstorganisation des Materials.[376] In dieser Welt überrascht die Wiederholung und es fasziniert die Erkundung einer imaginären Dimension, in der Korrespondenz und Unvereinbarkeit sich nicht mehr ausschließen. So schult sich das Verständnis einer Form.[377]

Man benötigt das Zusammenspiel von Kommunikation und Bewusstsein, auch ›Geist‹ genannt, um Strukturen auf die Spur zu kommen, die nicht erst in Katjekten, sondern bereits in Symbolen, Begriffen, Metaphern und Semantiken eine Rolle spielen, die einen Gegenstand medial aufbereiten, ihn motivisch einfangen und positionieren, ihn figurieren, ihn symbolisieren und symbolisch nutzen, ihn asymmetrisch ordnen, ihn für Diskurs und Semantik nach Bedarf sowohl serialisieren als auch diskontinuieren und ihn mithilfe von Metaphern wieder ›unbegrifflich‹ werden lassen.[378] Walter Benjamin sprach von ›Phantasmagorien‹, wenn neben verbalen auch dingliche Referenzen ins Spiel kommen, die das Bewusstsein über Wahrnehmung binden.[379]

Auch bei verbalen Referenzen läuft die Wahrnehmung mit, entweder weil Begriffe, Symbole, Metaphern ihrerseits dingliche Referenzen aufrufen oder weil die Wörter selbst einem Takt gehorchen, der dem Auge und dem Verstand, dem inneren Gehör, einen spezifischen Rhythmus des Lesens nahelegt.[380] Katjekte müssen als Schrift gelesen werden. Das impliziert eine gewisse Linearität, ein Wandern des Auges von links nach rechts. Zugleich jedoch sind sie mathematische Formen, die wie jede Formel eine gewisse Bildlichkeit, das heißt eine Simultanpräsenz unter Einschluss sowohl der Überlagerung von Referenzen als auch ihrer linearen Entzifferbarkeit, besitzen. Diese Bildlichkeit ist operativ,[381] das heißt sie schafft ihren Gegenstand fast – nämlich abzüglich der *différance* einer wechselseitigen Vor- und Nachträglichkeit, einer produktiv irritierenden Rekursivität zwischen Bild und Gegenstand – im selben Zuge wie dessen Beobachtung. Das Auge wandert – und lässt den Geist springen.

Außerdem können und müssen Katjekte geschrieben werden, sei es mit dem Stift auf einem Blatt Papier, mit Kreide oder Marker auf der Tafel oder mit der Maus in einem Grafikprogramm des Computers. Auch hier wird das Bewusstsein in Anspruch genommen und trainiert. Zwischen Strich und Fläche, Ausdruck und Eindruck springen Hand und Auge, Bewusstsein und jeweilige Gesellschaft hin und her.[382] Sollte man eines Tages mit einem Textsatzsystem wie TeX und LaTeX Spencer-Brownsche *re-entry*-Formen schreiben können, wird man überdies den Eindruck haben, dass der Computer mitschreibt und mitliest – und anders liest, in höherdimensionierten Räumen, als

Bewusstsein und Gesellschaft es möglicherweise nachvollziehen können.

Katjekte werden als Form kommuniziert und als Form notiert. Nichts garantiert, dass es sich um dieselbe Form handelt. Werden sie als Sprache, Schrift, Bild und Formel notiert, weichen sie bereits ab von ihrem Status als Kommunikation. Die Rekursivität und Reflexivität eines gesellschaftlichen Ereignisses sind nicht identisch mit der Rekursivität und Reflexivität einer kommunizierten Wahrnehmung. Anhalts- und Fluchtpunkte der Kommunikation weichen ab von Anhalts- und Fluchtpunkten der Wahrnehmung. Nicht zuletzt die Architekturtheorie arbeitet sich daran seit jeher ab.[383] Aber auch Geschichten und Filme arbeiten an und mit dieser Differenz, die den Blick auf eine den Sachverhalt (als Katjekt) erfassende Einheit sowohl fordert als auch unmöglich macht.[384] Obwohl es sich bei Katjekten um beobachtete Beobachtungen handelt, ist die im Gegenstand operierende Beobachtung auf andere Weise komplex als die notierte Beobachtung. Dennoch hilft die Referenz auf das wahrnehmende Bewusstsein bei der Notation eines Katjekts. Sie ruft den Beobachter auf, der notiert. Und sie erinnert an die Beobachter, die auch im Gegenstand mit ihrer Wahrnehmung engagiert sind.

Umgekehrt ermöglichen es Katjekte, einen Blick auf Wörter, Sätze und Texte zu werfen, deren Status nicht minder prekär ist. Es lohnt sich, die medialen Voraussetzungen wissenschaftlicher Produktion zu reflektieren und Text mit Bild, Formel und Grafik zu vergleichen.[385] Es lohnt sich, das *cross* als Paradigma zu lesen, das es erlaubt, in den Blick zu nehmen, wie Worte, Sätze, Absätze, Satzzeichen, Bilder, Grafiken und noch die Trennstriche in Tabellen Unterschiede treffen und machen. Noch bevor die Frage nach wahr oder falsch gestellt, geschweige denn beantwortet werden kann, haben uns die Wörter eines Textes, die Seiten eines Buches, die Signale eines Bildschirms, die Kontraste und Motive eines Bildes körperlich und neuronal im Griff. Sie schaffen bereits eine Wirklichkeit, zu der wieder Abstand zu gewinnen nicht immer einfach ist. Das Medium ist die Botschaft, sagt McLuhan, denn »die ›Botschaft‹ jedes Mediums oder jeder Technik ist die Veränderung des Maßstabs, Tempos oder Schemas, die es der Situation des Menschen bringt.«[386] Es ist leicht, den Inhalt dieser Botschaft zu übersehen.

Von Husserl und seiner Kunst, Klammern zu setzen (*epoché*),[387] ist zu lernen, dass eine Philosophie des Bewusstseins hier anzusetzen hat, an jenen Phänomenen, die sich weder in der Präsenz eines Gegenstands noch in der Evidenz einer Wahrnehmung erschöpfen, sondern zahlreiche Referenzen, anwesende und abwesende, vergangene und zukünftige, deine und meine, in Anspruch nehmen, um etwas Gestalt annehmen zu lassen.[388] Für Katjekte gilt beides, sie sind Ausdruck und Eindruck einer Wahrnehmung.

Das Bewusstsein der Menschen hat die Struktur eines Katjekts. Ausgehend vom Widerstand des Körpers gegen den Körper stimuliert es den Widerstand des Körpers gegen den Körper. Es gibt keine Wahrnehmung, so Maurice Merleau-Ponty,[389] ohne diesen Umweg des Bewusstseins über das, was ›Leiblichkeit‹ heißt, weil es nicht nur Ding in der Welt, sondern auch Empfindung für mich ist. Der Körper sieht sich sehend, berührt sich berührend, auch wenn dies nicht die Klarheit des Bewusstseins hat, sondern die Eitelkeit der Konfusion.[390] Alles beginnt mit einer Geste, so George Herbert Mead mit Wilhelm Wundt, die die Welt betrifft, mich affiziert und einer »von äußerem Zwang und willkürlicher Erfindung gleich unabhängigen psychologischen Gesetzmäßigkeit« folgt.[391]

Diese psychologische Gesetzmäßigkeit ist die des Widerstands. Ihm obliegt es, den Menschen zugleich innerhalb und außerhalb jenes ›Funktionskreises‹ von Merkwelt, Innenwelt und Wirkwelt zu etablieren, den Jakob von Uexküll als ›Plan‹ der Lebewesen entwickelt hat:[392]

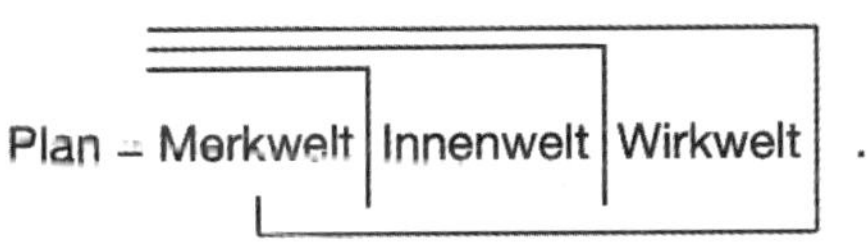

Immerhin war damit jene Entdeckung der Bedeutung eines ›Milieus‹, einer ›Umwelt‹ zu einem vorläufigen Höhepunkt gekommen, die Claude Bernard für die Physiologie der Lebewesen gemacht hatte und die über die Idee der Homöostase bis zur Verallgemeinerung der Idee des ›Regelkreises‹ (als »Leerstellenform«) für Organismen, Menschen, Technik und Gesellschaft in der Kybernetik führen sollte.[393]

Der Mensch geht in diesem Plan nur auf, wenn es gelingt, ihn in seiner ›Innenwelt‹ vom Tier zu unterscheiden. Aber was wäre das für eine Innenwelt, wenn sie ihn nicht auf die Welt beziehen würde? Also machte die deswegen ›philosophisch‹ genannte Anthropologie den Versuch, den ›Geist‹ im ›Leben‹ wieder ›aufzubauen‹.[394] Dank Geist und Vernunft, so Max Scheler, ist der Mensch ›negativ‹, weil »*außerhalb* und jenseits der Welt«, in Ideen, Anschauung, Wille und Emotion, bestimmt.[395] Davon berichten, so Scheler, ›negative‹ Theorien des Menschen von Buddha bis Freud.[396] Der Mensch lässt das Nichts in der Welt ›aufbrechen‹, schreibt Jean-Paul Sartre.[397] Der Mensch nimmt Abstand von der Welt, um sich auf sie zu beziehen, und gewinnt so, wenn auch um den Preis eines ›leeren Herzens‹,[398] eine gewisse Souveränität über die Merk- und Wirk- und Innenwelt.

Der Negation verdankt er eine Weltoffenheit, die bestimmt ist durch die »›*Leerformen*‹ von Raum und Zeit«.[399] Hat das Verhalten des Tiers, wie Scheler notiert, die Form eines geschlossenen Kreislaufs von Tier und Umwelt:[400]

»T. ⇄ U.«,

so das Verhalten des Menschen die Form eines zwischen Hemmung und Enthemmung oszillierenden Widerstands gegenüber einer »unbegrenzt erweiterungsfähigen« Welt:

»M. ⇄ W. …«.

In der Notation des Formkalküls schreiben wir:

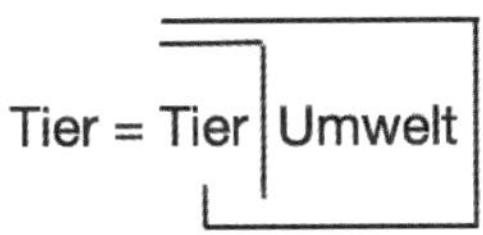

und

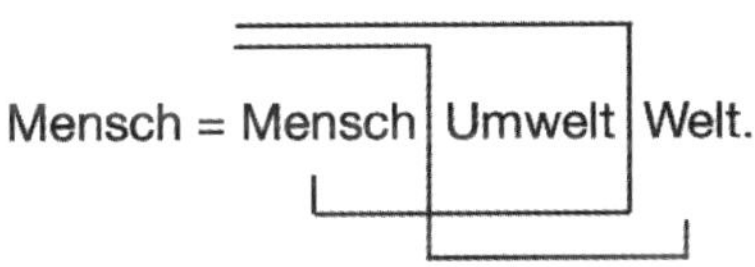

Indem der Mensch sich zur Welt verhält wie die Umwelt zum Menschen, gewinnt er ein Verständnis sowohl für die Zwänge, in denen er sich bewegt, wie für die Freiheit, die er gewinnt, indem er selbst zum Zwang für die Umwelt wird.

Zwischen zwei Grenzen, so hatte Simmel Pascals Idee der beiden Endloshorizonte einer unendlich großen und unendlich kleinen Welt aufgenommen,[401] ist der Mensch selbst Grenze: eine Grenze innerhalb eines Koordinaten-systems. An dieser Grenze verfängt sich, staut sich der kontinuierliche Strom des Lebens »wie in einer Sackgasse«: Das Leben des Menschen ist »grenzenlose Kontinuität und zugleich grenzbestimmtes Ich«.[402] »Zwischen der Kontinuität und der Form, als letzten weltgestaltenden Prinzipien, besteht ein tiefer Widerspruch«, so schreibt Simmel im Rückgriff auf die griechische Philosophie und Vorgriff auf den Formkalkül.[403] Das Leben »ist zugleich fest und variabel, geprägt und sich entwickelnd, geformt und formdurchbrechend, beharrend und weitereilend, gebunden und frei, in der Subjektivität kreisend und objektiv über den Dingen und über sich selbst stehend (...).«[404]

Der ›tiefe‹ Widerspruch ist der Widerspruch einer operativen Negativität. Helmuth Plessner hat von der ›Doppelaspektivität‹ der Gestalt des Menschen gesprochen, die ihn zugleich auf sein Außen und sein Innen bezogen sein lässt und ihn im Medium seines Lebens die Grenze ziehen lässt, die er selbst ist.[405] Diese Negativität stellt dem Körper den Körper entgegen. Kennzeichnend für das Leben des Menschen ist eben nicht der kontinuierliche Austausch zwischen dem Körper, *K*, und seinem Medium, *M*, den Plessner wie folgt notiert:

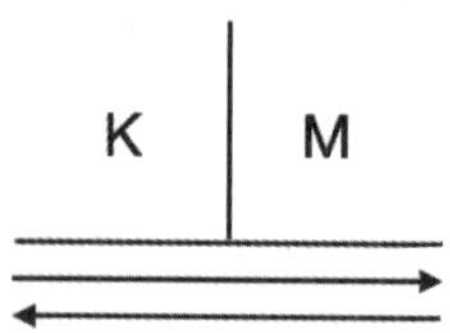

sondern die Auseinandersetzung des Körpers mit sich selbst zur Aufrechterhaltung seiner Grenze zu seinem Medium:[406]

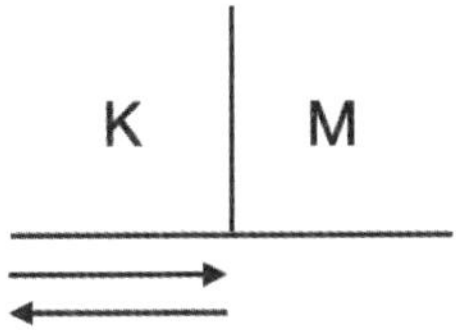

Es gibt kein Zwischen, *Z*, das zwischen Körper und Medium vermittelt:

»K ← Z → M«,

sondern nur den Körper, der sich mit sich selbst vermittelt:[407]

»K ← K → M«.

Indem der Körper sich zu seiner Grenze verhält und sich als Grenze zieht, verhält er sich zu seinem Medium.

Damit gewinnt der Körper *als seine Grenze* jene Negativität, um nicht zu sagen: Formalität, die er benötigt, um sich sowohl zu sich wie auch zur Welt ›verhalten‹ zu können, das heißt diese Grenze sowohl ernst nehmen als auch überschreiten zu können: »(…) obwohl der Körper bis *in* seine Grenze reicht (denn die Grenze gehört ihm real an), muss er doch *vor* der Grenze (als einer Grenze) anhalten und sie außer ihm, d. h. irreal lassen. Realisierung der Grenze heißt dann: Irrealisierung der Grenze.«[408] An seinem Körper erfährt der Mensch, dass jedes *crossing* ein *calling* voraussetzt, auch wenn das *crossing* insofern primär ist, als sich ihm das Verständnis für die Position des Menschen und damit für den Menschen allererst erschließt. Plessner hält diese Einsicht im Stichwort der ›exzentrischen Positionalität‹ fest:[409] Der Mensch ist, was er ist, und wird, was er wird, weil er sich von Innen von Außen sehen und begreifen kann. Anders als bei Descartes, sieht man ab vom produktiven Prinzip des Zweifels, führt dies nicht zur binären Unterscheidung von res cogitans und res extensa,[410] sondern zu einer immer wieder neuen Verschränkung oder Faltung der Perspektiven von Schließung und Öffnung einerseits und Selbständigkeit und Unselbstständigkeit andererseits.[411] Aus der Perspektive eines »raumzeithaften Nirgendwo-Nirgendwann« sieht der Mensch sich als »lebendiges Ding«.[412] Ganz und gar Körperding in seiner Umwelt, hier und jetzt, steht er »›in‹ der ›Leere‹ relativer Örter und Zeiten«.[413]

Wird Arnold Gehlen den Menschen als künstliche Natur beschreiben,[414] so spricht Plessner von einer natürlichen Künstlichkeit.[415] Damit verliert die Negativität ihren Ruch der Entfremdung und wird zur operativen Bedingung eines selbstbestimmt-fremdbestimmten Lebens. Wie die Pflanze und das Tier gebunden an Energie und Raum, entfaltet sich der Mensch zusätzlich in der Zeit.[416] Sowohl Alfred Korzybski als auch Martin Heidegger hatten ihre Zweifel, ob mit ›imaginären Werten‹ in der Zeit, mit Spencer-Brown gesprochen, das letzte Wort über das Dasein des Menschen gesprochen ist. Alternativ tut es auch die Technik,[417] inklusive neuer Optionen der Biopolitik.[418]

Katjekte sind weder Subjekte noch Objekte, sondern beides. Sie liegen subjektiv aller Erkenntnis zugrunde und stehen ihr objektiv gegenüber. In der Unschärfe dieser doppelten Zurechnung liegt ihre kognitive Einheit. Sie sind Konstrukte einer Beobachtung zweiter Ordnung, die im Medium von Formen komplexe Inhalte darzustellen versucht. Das Material dieser Sachverhalte sind Beobachtungen erster und zweiter Ordnung, die ihre eigene Zeit generieren, in sozialen Zusammenhängen stehen, ökologische Rahmungen vornehmen und mit all dem ihrerseits auf Beobachtungen reagieren. Die Beobachtung zweiter Ordnung ergänzt Kontingenz und grundiert damit die Unruhe jeglicher Form, sich ihre Zeit, ihren sozialen Zusammenhang und ihre ökologische Rahmung, kurz: ihren Sinn, immer wieder neu zu suchen.

Katjekte besitzen einen kategorialen Status. Sie liegen kategorial, das heißt zählend, ordnend und zeigend, sich selbst zugrunde. Sie stehen in der Tradition der Kategorienlehre, indem jede denkbare Kategorie einen Aspekt betrifft, unter dem sie betrachtet werden können. Als Eigenwerte einer rekursiven Funktion und Kalkül ihrer Form liegen sie sich nur insofern selbst zugrunde, als sie laufend darauf angewiesen sind, dass anderes geschieht, das sich in ihrem Code verfängt. Ihr Abstand zu dem, was sie zählen, ordnen und zeigen, ist unaufhebbar wie der

Abstand zwischen dem, was gesagt (beobachtet) wird, und dem, was ihm zugrunde liegt.[419] Ihre Wahrheit und mögliche Falschheit liegen darin, dass sie immer im Verhältnis zu etwas gesagt werden, das schon geschehen ist oder noch geschehen wird. Ihre kategoriale Bedeutung liegt darin, dass sie dieses Verhältnis riskieren, indem sie selbst Beobachtungen sind. In diesem Risiko liegt ihr ›Wesen‹, das nicht mehr das einer Substanz, sondern das einer Operation ist. Die Differenzen, die sie kalkulieren, sind abgetrennt und zusammenhängend zugleich; in ihrer Beschaffenheit sind sie sich selbst entgegengesetzt; und der Sachverhalt, den sie beschreiben, ist nur in jener Bewegung zu denken, zu deren Momenten ihre Beobachtung als Katjekt selbst gehört.[420]

Jede Bemühung, Kategorien voneinander zu unterscheiden, stößt auf Sachverhalte, in denen dies möglich und unmöglich zugleich ist. Katjekte sind nicht nur Einheit und Vielheit, sondern auch Allheit, wenn ›Allheit‹ heißen darf, dass jedes Katjekt sich von jedem anderen zwar unterscheidet, als Katjekt jedoch erkennbar und somit vergleichbar bleibt (die logische Kategorie der Quantität bei Kant).[421] Katjekte sind nicht nur real, sondern zugleich negationsfähig und limitiert (Kants Kategorie der Qualität). Jeder der Inhalte innerhalb eines Katjekts steht zu anderen Inhalten in Beziehungen der Relation, einschließlich möglicher Kausalbeziehungen und dauernder Wechselwirkung in der Gemeinschaft der Handelnden und Erlebenden (Kants Kategorie der Relation). Und jedes Katjekt oszilliert zwischen Möglichkeit und Unmöglichkeit, zwischen Dasein und Nichtsein, zwischen Notwendigkeit und Zufälligkeit (Kants Kategorie der Modalität). Kategorien, so stellt sich heraus, beschreiben Eigenschaften von Inhalten, die gleichzeitig und damit unreduzierbar gegeben sein müssen, wenn diese Inhalte wiedererkennbar – Whitehead unterstreicht: *kreativ* wiedererkennbar[422] – gegeben sein sollen.[423]

Dieser kategoriale, sich selbst zugrunde und nicht zugrunde liegende Status macht Katjekte zu unendlichen Urteilen im Sinne Kants,[424] in denen Bejahung und Verneinung den Raum, den sie eröffnen, niemals erschöpfen. Im Sinne Hegels sind sie spekulative Sätze,[425] deren kategorialer Status sich in der »fragilen und widerrufbaren«[426] Reflexion auf die Form ihrer Verknüpfung erfüllt. In jedem einzelnen Fall beschränkt auf die »Form eines *Bedingten* und *Vermittelten*«,[427] halten sie dennoch Kontakt zum Unbedingten, indem sie die Reaktion der Form auf die Bestimmung ihrer Inhalte als ›subject-superject‹[428] selbst regeln.

Katjekte sind Morphismen, die Formen nicht auf andere Formen, sondern auf sich selbst abbilden. Insofern erinnern sie nicht nur an philosophische, sondern auch an mathematische Kategorien, die ebenfalls nicht nur zählen (als Quantoren), sondern auch ordnen (als Funktoren) und ebenfalls nicht nur differieren und Relationen zwischen Differenzen herstellen, sondern das Ergebnis ihrerseits als Differenz darstellen und zum Gegenstand weiterer Berechnungen machen.[429] Operatoren werden Operanden. Allerdings haben wir es mit Spencer-Browns Formkalkül nicht mit einer quantifizierenden, sondern mit einer qualifizierenden Mathematik zu tun. Die Relationen, die sie verrechnet, sind nicht Zahlen über Zahlen, sondern Funktionen und Grenzen im Medium ihrer Rekursivität, Reflexivität und Negativität.

Das bestimmende Thema von Katjekten ist ihre limitierte Komplexität. Ihre kategoriale Untersuchung enthüllt nichts anderes als eine ›inwendige Komplexion‹, deren Pointe mit Adorno nicht zuletzt darin besteht, auch auswendig zu gelten: »(…) inmitten der Dialektik beharren die traditionellen Kategorien nicht intakt, sondern jene durchdringt eine jegliche und verändert ihre inwendige Komplexion.«[430] Die mitlaufende Außenseite der Form reflektiert auf jene ungesicherte Bedingung einer Fortsetzung entweder durch Wiederholung oder Kreuzen, die in der Tradition unter dem Namen der Unendlichkeit beobachtet wird und in dieser (und nur in dieser) Form die Wahrheit der Form verbürgt (Hegels Kriterium).[431] Aus Katjekten werden Kalküle, wenn sie beim einzelnen Urteil oder Schluss nicht stehenbleiben, sondern jedes Ergebnis neuerlich einem Urteil oder Schluss unterwerfen. Jede einzelne Operation dieses Kalküls gehorcht immer wieder neu jenem Gesetz der Komplexität, das dazu zwingt, Einheit auf Vielheit und Vielheit auf Einheit zu beziehen. Genau das verdient den Namen der Selbstorganisation.[432] Immer wieder neu muss gelten: »Inside every white box, there are two black boxes trying to get out.«[433] Weder die Einheit eines Katjekts noch seine Vielheit sind fixiert. Nur ihr Verhältnis ist es. Deswegen verdienen sie den Namen einer limitierten oder auch organisierten Komplexität, im Gegensatz zur unorganisierten Komplexität statistischer Mengen und zur Einfachheit einer hinreichend begrenzten Anzahl kausaler Faktoren.

Das Verhältnis von Einheit und Vielheit macht Katjekte zu einem Beobachtungsmedium. Luhmann hat dies am Beispiel der Kausalität durchgespielt.[434] Kausalität ist ein Beobachtungsmedium, das Ursachen auf Wirkungen und umgekehrt, bezieht. Ursachen und Wirkungen stehen beide in Endloshorizonten, aus denen Beobachtungen auswählen müssen, welche Ursachen und Wirkungen sie jeweils für einen Sachverhalt für relevant halten. Die Idee der doppelten Endloshorizonte stammt von Pascal, der die Menschen entsprechend verloren – »incapable de savoir certainement et d'ignorer absolument« – aufgehängt sah zwischen das unendlich Große und das unendlich Kleine.[435] Schon bei Pascal geht es um ein Beobachtungsmedium, in dem die Mathematik über diese Grenzen nur Auskunft geben kann, um jede Beobachtung ihrer Relativität zu vergewissern. Leibniz greift den Gedanken auf und sieht seine Monaden als ›Spiegel‹ der beiden Unendlichkeiten.[436]

Luhmann übernimmt das Konzept eines doppelten Endloshorizonts für eine Beschreibung des Beobachtungsmediums Kausalität, aber es ist gut vorstellbar, es auch für andere Beobachtungsmedien fruchtbar zu machen.[437] Mit

Glanville ließe sich auch von Kompositionsmedien sprechen:[438] Beobachter komponieren, indem sie oft eher praktisch (›bastelnd‹) als prinzipiell Perspektiven und Ansichten variieren.[439] Weitere Kandidaten für Beobachtungsmedien in ihren jeweiligen Endloshorizonten sind Optimalität (Minima/Maxima), Rationalität (Mittel/Zwecke), Intentionalität (Bewusstseinszustände/Gegenstände), Funktionalität (Probleme/Lösungen) und Realität (Sachverhalt/Sachverhalt). Keine Selektion spezifischer Formen innerhalb dieser Medien ist stabil; nur die Medien selbst sind es. Ihre kritische und strategische Reflexion schwächt sie nicht, sondern macht sie disponibel.[440]

Komplexität wäre ein weiterer Kandidat. Ihre beiden Endloshorizonte sind die Möglichkeit, einerseits Einheiten zu konstruieren und andererseits Vielheiten dazu in Relation zu setzen. Ein Katjekt bewegt sich laufend zwischen diesen beiden Horizonten, ohne je zur Ruhe zu kommen. Es reagiert mit Komplexität auf Komplexität, getreu dem wichtigsten Gesetz der Kybernetik: *requisite variety*.[441] Daran wird die Methodologie der Katjekte zu messen sein. Gelingt es, Form und Medium eines Katjekts so zu formulieren, dass dieser Wiedereintritt der Komplexität in die Komplexität plausibel gemacht werden kann? Verdient dieser Wiedereintritt den Namen des Systems? Gelingt es, Oszillation, Gedächtnis und Modulation innerhalb eines Katjekts so zu formulieren, dass es als ein eigener Kalkül verstanden werden kann?[442] Die Oszillationsfunktion verlangt den Abgleich jeder Seite einer der Unterscheidungen mit jeder anderen. Die Gedächtnisfunktion verlangt den Rückgriff auf vergangene Zustände zur Errechnung gegenwärtiger und zukünftiger Zustände. Und die Modulationsfunktion verlangt ein Zählen, Ordnen und Zeigen, das sich in jeder Operation des Kalküls von jeder vorherigen unterscheidet; andernfalls wäre die Selbstreferenz des Katjekts im Unterschied zu sich selbst nicht gesichert.[443]

Mit dieser Forderung eines Wiedereintritts der Komplexität in sich selbst scheint jede gängige Mathematik einschließlich jener des Formkalküls überfordert. Immerhin kann der Formkalkül zeigen, wie man diesen Punkt erreicht. Entscheidend ist offenbar ein Kalkül der Leerstellen, abgesichert im Rückgriff auf die universelle Operation einer generellen und reflexiven Negation. Möglicherweise hat sich Gotthard Günther im Entwurf seiner Kenogrammatik etwas Ähnliches vorgestellt.[444] Kenogramme weisen jene Struktur des Sinns auf, die auf eine Bedeutung noch nicht festgelegt ist: Sie sind wahr-falsch.[445] So auch Frege:[446] ein Zeichen hat ›Sinn‹, doch seine ›Bedeutung‹ entscheidet sich erst mit seiner Wahrheit, das heißt mit der »Tatsache, die ihm in der Wirklichkeit entspricht«.[447] Es ist unbestimmt, aber empfänglich für weitere Bestimmungen. In Zeichen entfaltet sich jenes Spiel von Akzeption und Rejektion, das in der Mathematik einer mehrwertigen Logik vorausgedacht ist.[448]

Kein mathematischer Kalkül jedoch ist so leistungsfähig wie die natürliche Sprache. An ihrem parataktischen und kontextuellen Reichtum ist die Methodologie der Katjekte zu messen, so wie umgekehrt die präzise Strenge des Kalküls erforderlich ist, um die Dimension der Komplexität darstellbar zu machen.[449] Die Idee eines pragmatischen Kalküls der Kommunikation stammt nicht erst von Watzlawick, Beavin und Jackson,[450] sondern bereits von Leibniz. Allerdings ist dieser Kalkül als eine Leistung zu verstehen, die nur im Gegenstand, beobachtet von Beobachtern, erbracht werden kann. Leibniz hat sich vorgestellt, dass man dereinst die *calculi* auf dem Tisch ausbreiten und dort hin und her schieben könne, um ein Argument unter denen zu klären, die an ihm interessiert sind. Watzlawick und seine Schule sind vom Feld der Theorie auf das Feld der Therapie gewechselt,[451] um ihre Einsichten in die Redundanzstrukturen der Kommunikation im Gegenstand fruchtbar werden zu lassen. Im Medium der Science-Fiction kann man sich Sprachen vorstellen, die die Komplexität aktueller indoeuropäischer Sprachen weit übersteigen.[452] Katjekte versuchen hier anzuschließen. Sie liefern Formen im Medium der Komplexität. Oder ist es umgekehrt: Katjekte als Medien für die Form der Komplexität? Es muss beides gelten, denn so viel Komplexität muss sein.

Katjekte können nicht am grünen Tisch entworfen werden. Sie sind kein Produkt der Arbeit an einem Schreibtisch. Sie entstehen in einem Workshop, in einem operativen Theater, unter der Teilnahme einer bestimmten Menge von Teilnehmern, in einem Setting verteilter Intelligenz und, je nach Auftrag, im Medium umfangreicher Vorarbeiten zur Dokumentation des Sachverhalts. Nur ausnahmsweise kann die Arbeit im Material eines Textkorpus diese Arbeit unter Beobachtern zweiter Ordnung ersetzen.[453] Für sie gelten ähnliche Bedingungen wie für die Arbeit mit Strukturaufstellungen:[454] Ohne eine gewisse Energie im Sachverhalt engagierter – und sei es: stellvertretend engagierter – Beobachter kann die Arbeit an einem Katjekt nicht gelingen.

Die Arbeit mit Katjekten erfolgt nicht buchstabengetreu. Der vorliegende Text ist keine Arbeitsanleitung. Das Beste, was man tun kann, wenn man ihn gelesen hat, ist, ihn beiseitezulegen, sich stattdessen mit praktischen Übungen zu beschäftigen und bei Bedarf zu ihm zurückzukehren, um zu schauen, wie er verbessert werden kann.

Es gibt meines Wissens kein Computerprogramm, das mit ineinander geschachtelten Differenzen arbeitet, in denen das Verständnis dieser Differenzen semantisch, ihr Zusammenspiel pragmatisch, ihre Ausdifferenzierung und Reproduktion syntaktisch und das konstruierte Katjekt performativ zu deuten sind. Die Arbeit an einem Katjekt, verstanden als Codierung im Medium von Differenzen, ist Handarbeit auf dem Papier, an der Tafel oder in einem Grafikprogramm.

Gegeben sei ein Inhalt *a*. Wir interpretieren diesen Inhalt nicht als Substantiv, sondern als Verb.[455] Jedes Katjekt gehorcht der fundamentalen Gleichung $i = i + 1$. Es ist ein ›event-loop‹ auf der Suche nach neuen Ereignissen.

Unser erster Schritt ist die Interpretation von *a* als das Produkt seiner Negation:

$$a = \overline{\;a\;}\rceil .$$

Die Negation verweist reflexiv, nicht antinomisch auf den Raum, in dem die Möglichkeit des Inhalts *a* bestimmt wird. Bei Spencer-Brown heißt es, »was ein Ding ist, und was es nicht ist, sind, in der Form, identisch gleich.«[456] Die Negation, Aristoteles' *stérēsis* (lat. *privatio*),[457] eröffnet einen Raum der Reflexion, des ›wahr-falschen‹ Sinns, in dem jede Aussage über den Inhalt und sein Bild jederzeit in Frage gestellt werden kann und die ›Bedeutung‹ der Aussage, ihre Übereinstimmung mit einer Wirklichkeit, noch nicht entschieden ist.[458]

Das ist die Pointe der Spencer-Brown-Transformation, die Übersetzung einer Einheit in eine Differenz, vermittelt über eine generierende und reflektierende Negativität. Wir wissen inzwischen, dass diese Negation nicht als Antinomie zu verstehen ist, sondern als Eröffnung eines Implikationsraums der Negativität. Der Inhalt *a* ist die Reflexion dessen, wovon er sich unterscheidet. Der Inhalt *a* steht unter dem *cross* eines reflexiven Negativitätsoperators, der eine unbestimmte Außenseite der Unterscheidung aufruft, die in *a* implizit mitläuft. Die Bezeichnung von *a* ist das Ergebnis einer Operation, die von einem Beobachter in einer zunächst unbestimmten Welt vollzogen wird.

Im nächsten Schritt wird nach dem impliziten Kontext gefragt, in dem die Negation von *a* als Bestimmung von *a* möglich ist, und als *b* bezeichnet:

$$a = \overline{a\,}\!|\; b.$$

Der Inhalt *b* steht unter einem *unwritten cross*, das ausgeschrieben werden kann, um nach dem impliziten Kontext des *b* zu fragen:

$$a = \overline{\overline{a\,}\!|\; b\,}\!|\;.$$

Cross a steht nun unter *cross b*. Beide Unterscheidungen zusammen bezeichnen eine unmarkierte Außenseite der Form, indem sie sich von ihr unterscheiden.

Bisher bewegen wir uns auf einer Ebene der Beobachtung zweiter Ordnung. Wir beobachten mithilfe unserer Unterscheidungen die Unterscheidungen, die der Gegenstand als Beobachter selbst trifft. Streng genommen entfalten wir eine Selbstbeobachtung, eine Intuition für die Dauer einer Erfahrung,[459] die durch den Symbolismus und Formalismus des Kalküls kontrolliert, aber nicht ›objektiv‹ ersetzt werden kann.

Im nächsten Schritt wird gefragt, ob die Beobachtung erster Ordnung im Gegenstand zugleich als Beobachtung zweiter Ordnung zu verstehen ist, das heißt sich selbst beobachtet. Besteht Anlass zu der Vermutung, dass die Beobachtung erster Ordnung im Gegenstand sich im Rahmen einer Beobachtung zweiter Ordnung reflektiert, wird die Kodetermination von *a* durch *b* im *re-entry* der Unterscheidung in die Form der Unterscheidung explizit:

$$a = \underline{\overline{\overline{a}\,\big|\; b\;}}\Big| \,.$$

Die Bezeichnung von *a* ist das Ergebnis seiner Unterscheidung von *b*, das seinerseits von einer unbestimmten Außenseite, die mit *n* bezeichnet werden kann,

$$a = \underline{\overline{\overline{a}\,\big|\; b\;}}\Big|\, n,$$

unterschieden wird. Der Sachverhalt *a* wurde transformiert in die Form der Differenzen *a/b*, *b/n* und *a/b/n*, die als Beobachtungen erster und zweiter Ordnung *a* generieren.

Die Arbeit an einem Katjekt wiederholt diese Schritte der Bezeichnung, Unterscheidung und des Wiedereintritts, bis man wiederum intuitiv den Eindruck hat, dass der Gegenstand beziehungsweise seine Beobachtung erschöpft sind:

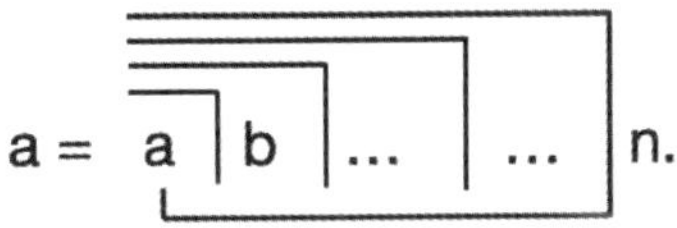

Der Gegenstand beziehungsweise seine Beobachtung sind erschöpft,[460] wenn es sich nicht mehr zu lohnen scheint, nach weiteren impliziten Kontexten zu fragen. Die Brisanz des Gegenstands, das Engagement der Beobachter haben sich erfüllt, auch wenn man weiß, dass genau dies nur in einem weiteren impliziten Kontext, *n*, der Fall sein kann.

Die hier gewählte *re-entry*-Form ist die ›soziologische Normalform‹ eines Katjekts,[461] doch ist es je nach der Beobachtung empirischer Anzeichen nicht ausgeschlossen, auf eher ›krumme‹ Formen wie die folgende zu stoßen:

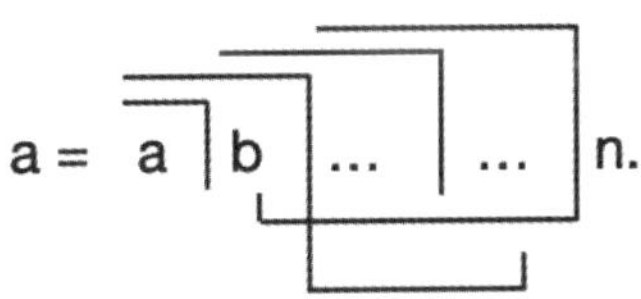

Rechnen im Kalkül heißt genau das: Welche *re-entries* sind in der Lage, das bewegliche Spiel der Inhalte, das heißt der aufeinander bezogenen Seiten der Form von Unterscheidungen, im Zuge der Ausdifferenzierung, Reproduktion und Integration eines Eigenwerts einer rekursiven und reflexiven Funktion aufrechtzuerhalten? Und welche Werte dieser Inhalte sind so gesetzt, dass die Reflexion sie nicht variieren, sondern nur bestätigen kann?

Jedes *cross* definiert einen Zusammenhang, der für die Semantik, Pragmatik und Syntax der bezeichneten Inhalte aus- und angeschrieben werden kann. Jeder *re-entry* definiert eine explizit werdende Reflexion, die einen imaginären Raum aufruft, in dem diese Reflexion stattfinden kann. Die Reflexion oszilliert zwischen der Oszillation der beiden Seiten der betroffenen Unterscheidung und dem erinnernden Wiederaufruf (*threats*) einer oder aller ihrer Seiten. Sie moduliert die wechselseitige Schärfung der Inhalte aneinander.

Je weiter ein Katjekt ausgeschrieben wird, desto anspruchsvoller und voraussetzungsreicher werden die von der Reflexion aufgerufenen Seiten der Unterscheidungen sowie ihre Modulation. Startet die Codierung eines Katjekts noch auf dem vermeintlich sicheren Boden einer binären Unterscheidung – *a/b* –, so macht bereits die erste Beobachtung der unmarkierten Außenseite dieser Unterscheidung, *a/b/n*, ganz zu schweigen vom Wiedereintritt der Unterscheidung in die Form ihrer Unterscheidung, darauf aufmerksam, dass Binarität der Sonderfall einer grundsätzlich mehrwertigen Beobachtung und Operation der Unterscheidung ist. Binarität ist die semantische, pragmatische und syntaktische Verdichtung eines mehrwertigen Zusammenhangs auf ein Zähl-, Ordnungs- und Zeigeschema, das seine eigenen Voraussetzungen verschweigt.[462] Binarität beschleunigt und technisiert, aber auch das ist nur möglich, wenn sich Beschleunigung und Technisierung in einem weiteren Zusammenhang bewähren.

Katjekte errechnen im unzuverlässig widerständigen Material analog vorliegender Inhalte digital zuverlässige, weil negierbare Anschlüsse eigener Operationen. Doch mit jedem *re-entry* werden Katjekte ihrerseits analog. Sie produzieren ihr eigenes Material als Medium künftiger Anschlüsse und etablieren sich in einem imaginären Raum, in dem die Erinnerung so viel zählt wie Widerstand und Negativität.

»›Handeln‹«, so Max Weber, »soll (...) ein menschliches Verhalten (einerlei ob äußeres oder innerliches Tun, Unterlassen oder Dulden) heißen, wenn und insofern als der oder die Handelnden mit ihm einen subjektiven Sinn verbinden. ›Soziales‹ Handeln aber soll ein solches Handeln heißen, welches seinem von dem oder den Handelnden gemeinten Sinn nach auf das Verhalten anderer bezogen wird und daran in seinem Ablauf orientiert ist.«[463] Aus dieser Definition sozialen Handelns wird soziologische Theorie, sobald der ›gemeinte Sinn‹ des oder der Handelnden ein Produkt der Orientierung und nicht nur der Meinung ist. Erst dann kann man von einem rekursiven Prozess sprechen, der die Elemente generiert, auf die er sich bezieht.[464] Dieser rekursive Prozess wird in der soziologischen Theorie unter verschiedenen Namen beschrieben, unter denen Normen, Gruppe, Interaktion, System, Feld und Netzwerk die prominentesten sind.[465]

Der Ausgangspunkt für die Rekonstruktion dieser Rekursivität ist die Beobachtung eines Kontakts,[466] sei es unter Anwesenden, die sich wechselseitig wahrnehmen, sei es unter Abwesenden, die medial, etwa durch Schrift, durch die Massenmedien oder auch durch Kommunikationsmedien wie Macht, Geld, Wahrheit, Kunst miteinander verknüpft sind. Dieses Handeln ist zugleich ein Erleben.[467] Es steht in einer Situation, an der es sich orientiert und auf die es selektiv reagiert.[468] Die Spencer-Brown-Transformation postuliert, dass dieser Kontakt sich selbst impliziert, indem er sich negiert, das heißt, indem er auf Alternativen der eigenen Fortsetzung spekuliert. Der Kontakt erschöpft sich nicht im jeweiligen Handeln, sondern rückt weiteres und anderes Handeln in Reichweite. Das Handeln-und-Erleben ist eine Operation, die nach ihrer Fortsetzung sucht und dabei auf Hindernisse, eine Unwahrscheinlichkeit, eine Unmöglichkeit, eine Gefahr reflektiert. Es ist eine Operation, die ihren Abbruch mitbedenkt und von dort aus Freiheitsgrade gewinnt.[469] Im Kontakt reflektiert sie sich selbst und realisiert somit einen ersten *re-entry*:

$$\text{Handeln}^{\text{sozial}} = \overline{\overline{\text{Handeln}}\,\Big|\,\text{Kontakt}}\,\Big| \;.$$

Diese Reflexion macht doppelte Kontingenz erfahrbar. Alle am Kontakt Beteiligten haben eine Situation vor Augen, in der alle Beteiligten sich grundsätzlich anders verhalten können und unter diesem Gesichtspunkt eigene Festlegungen nur vor dem Hintergrund der Festlegungen anderer riskieren. Dies schließt Möglichkeiten der Selbstfestlegung, die das eigene Verhaltensspektrum einschränkt, um Verführungen durch erwartete oder unerwartete Gelegenheiten nicht nachgeben zu können, nicht aus, sondern ein.[470]

Die soziologische Beobachtung der Beobachtungen im Gegenstand beschreibt den Umgang mit der Kontingenz des Kontakts als Spiel mit den wechselnden Rollen der

Darstellung (*performance*) und des Publikums (*audience*).[471] Dies garantiert Rekursion wie Reflexion. Die Situation ist gezwungen, auf sich selbst zurückzukommen, um den nächsten Zug zu finden.

Mit einem zweiten *re-entry* wird getestet, mit welchem Handeln der Kontakt zu bestätigen oder auch zu variieren ist:

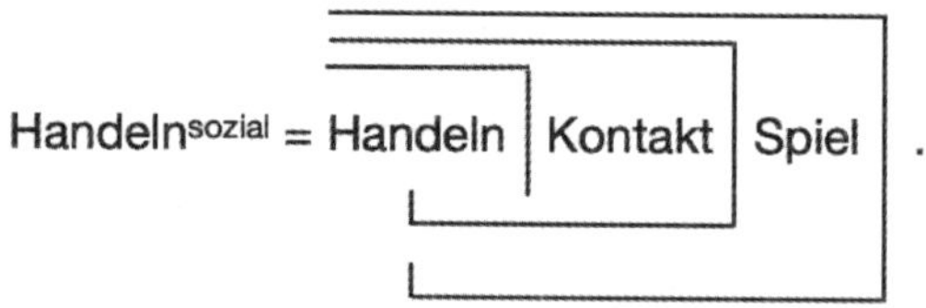

›Spiel‹ soll einerseits heißen, dass nach den Regeln gesucht wird, die eine Fortsetzung des Kontakts ermöglichen oder auch unattraktiv machen. Und es soll andererseits heißen, dass die Bedingungen oder der Rahmen des Kontakts in das Handeln wieder eingeführt werden, um seine Reichweite, seine Anschlussmöglichkeiten auszuloten.[472] Im Spiel gewinnt das Handeln eine Vorstellung seiner Fortsetzbarkeit, meist abhängig davon, welche Rede das Handeln begleitet und Interpretations*spiel*räume sowohl öffnet als auch verschließt.[473] Im Spiel werden durch Handlung ebenso wie Rede Markierungen gesetzt (*keys*, *cues* und *fabrications*),[474] die zwischen Verlockung, Täuschung und Vergewisserung changieren und deren Sinn darin besteht, eine Disziplin zu identifizieren, die der Situation einen verlässlichen Rahmen gibt.

Ein dritter *re-entry* testet, welche ›Disziplin‹, mit einem Begriff von White, dem Spiel, dem Kontakt und dem Handeln-und-Erleben Halt gibt:

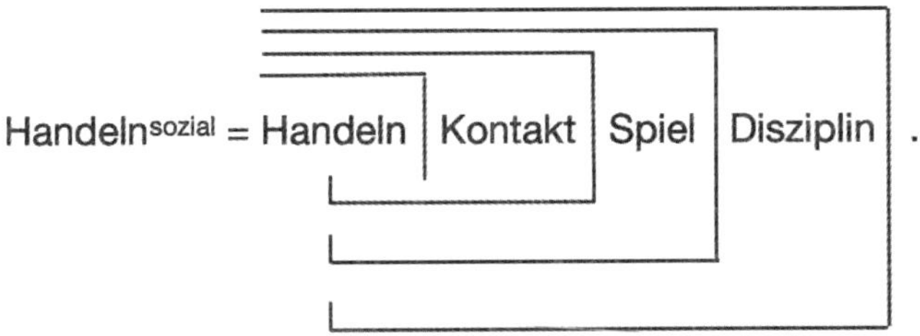

In diesen Disziplinen geht es zum Beispiel um die Qualität (*interface*), die Reinheit (*arena*) oder das Prestige der Handlung (*council*).[475] Alternativ kann man davon sprechen, dass der ungefähre Charakter des Kontakts den Charakter eines ausdifferenzierten und reproduzierbaren Systems annimmt, sei es der Interaktion unter Anwesenden, der Organisation von Mitgliedschaft, einer gesellschaftlichen Kommunikation unter Abwesenden oder auch des Protests gegen die Gesellschaft in der Gesellschaft.[476]

Eine Disziplin in diesem Sinne der Einigung auf eine Wertordnung der Situation und des Handelns in der Situation ist wesentlich ein Identitätsangebot. Aus diesem Angebot gewinnt sich die Identität aller Beteiligten und aus der Art und Weise, wie das Angebot angenommen wird, gewinnt sich die Identität der Disziplin. Diese Identität kann sich jedoch nur halten, wenn sie sich in einem ›Netzwerk‹ alternativer Möglichkeiten bewährt. Sie legt den

Wechsel aus der Disziplin in eine andere Disziplin oder auf andere, noch spekulative Kontakte nahe, wenn sich in diesem Netzwerk attraktive Alternativen profilieren.[477] Erneut haben wir es mit einem *re-entry* zu tun, weil die Alternativen des Netzwerks das Handeln-und-Erleben direkt betreffen und von dort aus den Kontakt, das Spiel und die Disziplin unter Druck setzen oder auch bestätigen:

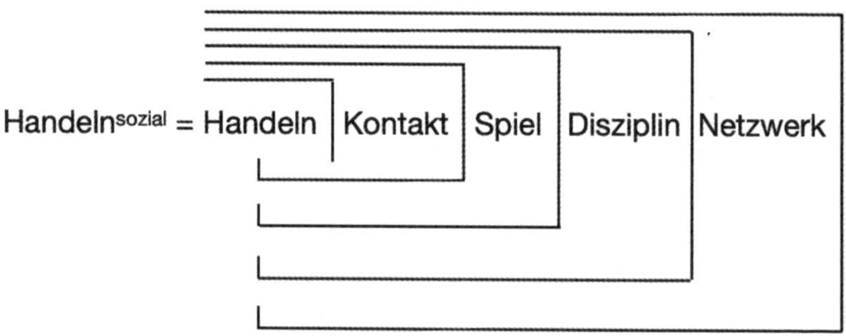

So, wie der Kontakt das Spiel und das Spiel die Disziplin, so negiert und impliziert auch die Disziplin das Netzwerk. Der Kontakt selegiert, wie es weitergeht, das Spiel selegiert, auf welche Disziplin es sich einlässt. Die Disziplin kann an ihrer Identität nur arbeiten, indem und weil sie sich gegen Alternativen im Netzwerk behauptet, sei es, dass sie den Wechsel erleichtert, sei es, dass sie ihn erschwert. Umgekehrt wird auch das Netzwerk gestärkt oder geschwächt, je nachdem ob es gelingt oder nicht, Disziplinen aufrechtzuerhalten. White geht, wie gesagt, davon aus, dass Netzwerke aus gescheiterten Disziplinen und Geschichten, die sie freisetzen, bestehen. Das kann Disziplinen auf neue Ideen bringen, die sich aus dem Material gescheiterter Projekte oder auch aus Versuchen ergeben, rigider oder flexibler mit den Möglichkeiten des Wechsels umzugehen.

Das Zusammenspiel zwischen Disziplin und Netzwerk ist nicht zuletzt eine Frage der ›Gesellschaft‹, die als Raum der möglichen Fortsetzung von Kommunikation bei allem Handeln und Erleben mitläuft:

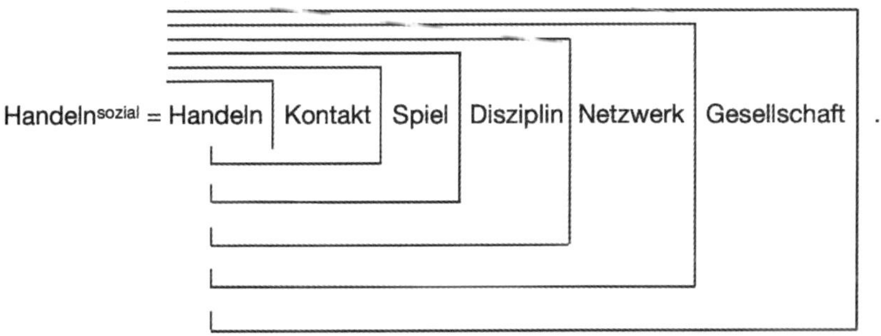

Die Differenz der Gesellschaft regelt, mit welchen Kontingenzchancen ein Handeln rechnen und wieviel Komplexität ihm zugemutet werden kann.[478] Dies ist ein Ergebnis des Variationsspielraums von Kontakten, Spielen, Disziplinen und Netzwerken und umgekehrt ein Faktor der positiven und negativen Rückkopplung im Umgang mit diesem Variationsspielraum.

Da wir über die Gesellschaft mit ihrer Fülle an möglichen Sachverhalten, ihrer Vergangenheit, Gegenwart und

Zukunft sowie Multiplizität und Diversität ihrer Mitglieder nicht hinausdenken, belassen wir es bei dieser Form:

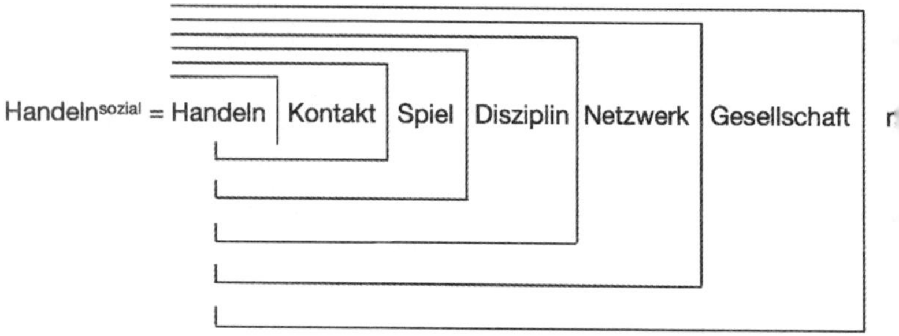

und bezeichnen mit *n* die unbezeichnete Außenseite der Form. Das heißt, es bleibt offen, welche Vorstellungen von der Außenseite dieser Form das soziale Handeln-und-Erleben begleiten, seien es kosmologische, theologische, mystische oder philosophische Ideen (man denke an Parsons' ›telisches‹ System),[479] sei es Weltvertrauen oder -misstrauen.

Das hier entwickelte Katjekt ist eine Variante eines andernorts vorgestellten Modells,[480] in dem ich zusätzlich die *re-entries* beschriftet habe, obwohl dies in Spencer-Browns Notation seines Kalküls nicht vorgesehen ist (hier wiederum leicht erweitert):

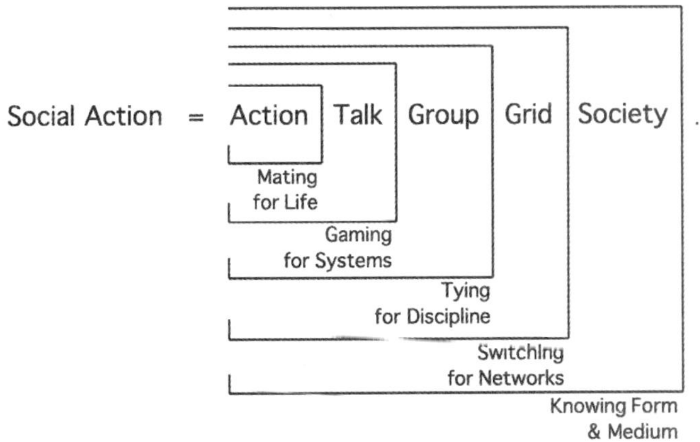

Mit dem Wechsel von der deutschen in die englische Sprache kommen eine andere Semantik und damit auch andere Beobachtungen und Gewichtungen zum Zuge.

Jede empirische Arbeit mit dieser soziologischen Normalform eines Nexus der Unterscheidung-und-Bezeichnung von Kontakt, Spiel, Disziplin, Netzwerk, Gesellschaft und *n* sowie der Differenzen von Kontakt/Spiel, Spiel/Disziplin, Disziplin/Netzwerk, Netzwerk/Gesellschaft und Gesellschaft/*n* wird auf weitere rekursive und reflexive Schleifen stoßen, die einzelne dieser Differenzen und Formen besonders belasten oder freistellen. Die Realität ist die einer ›krummen‹ Form,

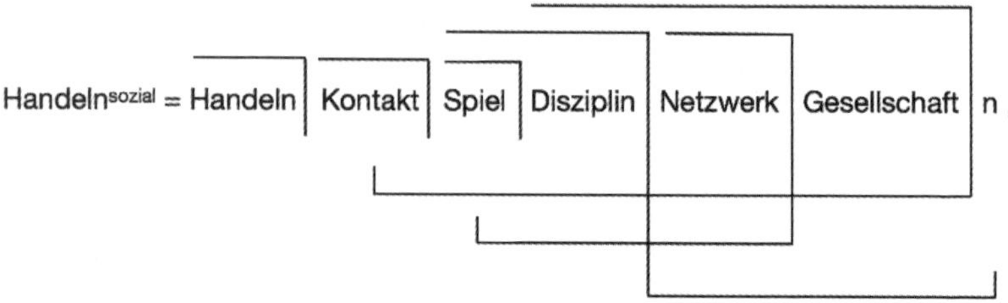

die auf verpasste oder verweigerte Reflexionschancen hinweist, ideologische Engführungen offenlegt, auch Anlass zur Kritik geben kann oder ein ergiebiges Feld für beraterische und therapeutische Interventionen darstellt.

Ebenso kann man sich autoritäre Schrumpfformen sozialen Handelns,

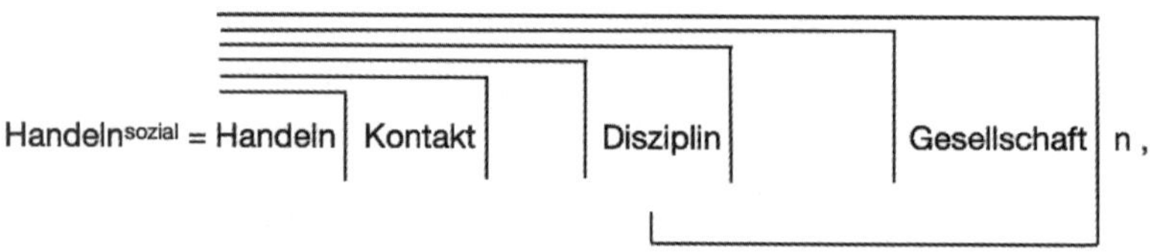

vorstellen, in denen es nicht thematisierte, latente Stellgrößen gibt, die sich allenfalls unter der Hand ändern, und in denen für basale Kontakte nicht viel mehr bereitsteht als eine Beurteilung und Sanktionierung im Schema konform/abweichend.

Rekursion und Reflexion sind ebenso wenig naturgegeben wie Kontingenz und Komplexität. Sie müssen durch das soziale Handeln selbst erstritten und ausgehalten werden. Dementsprechend variieren Syntax, Semantik und Pragmatik der Form.

Katjekte sind Beobachtungen von Beobachtern. Der Beobachter ist eine der wichtigsten Entdeckungen des vergangenen Jahrhunderts.[481] »Alles, was gesagt wird, wird von einem Beobachter gesagt,« sagt Humberto R. Maturana. »Alles, was gesagt wird, wird zu einem Beobachter gesagt«, ergänzt Heinz von Foerster.[482] Aber wer ist dieser Beobachter?

Er ist sprachlich verfasst. Er verfügt über Schreibgeräte analoger und digitaler Art. Er – und selbstverständlich auch sie – steht an einer Tafel vor anderen Beobachtern. Er ist in eine bestimmte Praxis eingebettet, folgt bestimmten Konventionen, verlässt sich auf bestimmte Wissenschaften, verfügt über eine bestimmte Rhetorik oder gar Didaktik und hat bestimmte heuristische und mäeutische Ideale. Er und sie sind auf Einfälle angewiesen, von Launen und Stimmungen aller Teilnehmer abhängig, hängen gleichzeitig anderen Gedanken nach und werden hungrig und durstig.

Nichts ist voraussetzungsreicher als die Operation eines Beobachters. Organische, neuronale, mentale, soziale, technische und kulturelle Faktoren spielen gleichermaßen eine Rolle. Einige sind der Selbstbeobachtung zugänglich, andere nicht. Selbst das Gehirn, das unsere Wahrnehmung produziert, entzieht sich dank ›autoepistemischer Limitation‹ unserer Wahrnehmung.[483] Die meisten Faktoren setzen wir voraus, ohne sie kritisch zu befragen. Eine ›Kritik der Beobachtung‹ hat Kant nicht geschrieben, obwohl seine drei Kritiken wesentliche Momente zusammentragen und nicht zuletzt der Kritikbegriff selbst – als Aufforderung zur Überprüfung der Bedingungen einer Möglichkeit – für eine Beobachtung der Beobachtung unverzichtbar ist. Diese Kritik, so Kant, stößt immer wieder auf ›fremde‹ Inhalte, die der ›eigenen‹ Beobachtung beigemischt sind und sie möglicherweise gerade dort prägen, wo man sich ganz bei sich glaubt.[484] Diese fremden Inhalte sind jene der Geschichte (Vico), des Geistes (Hegel), der Gesellschaft (Marx), der Moral (Nietzsche), des Unbewussten (Freud), der Technik (Husserl), des Lebens (Simmel), der Sprache (Wittgenstein), der Kultur (Malinowski) und der Gesellschaft (Luhmann). Keiner dieser Inhalte ist trivial, denn jeder von ihnen ist selbst das Produkt einer kritischen Auseinandersetzung, innerhalb derer die Beobachter Anlass haben, gerade jenen Freiheitsgraden zu misstrauen, die ihnen am bereitwilligsten zur Verfügung gestellt werden. Jeder dieser Inhalte wartet auf seine Dekonstruktion, seine poetische Subversion, seine feministische Kritik, weil man längst ahnt, dass sie einen männlich und patriarchal orientierten Humanismus enthalten, der eine toxische Wirksamkeit entfaltet und nicht nur ökologisch unzureichend ist.[485]

Der Beobachter ist ein Selbstbeobachter. Er und sie sind ein Gewebe von Beobachtungen erster und zweiter Ordnung:

Beobachtung = Selbst-Beobachtung .

Sie bewegen sich in ihrem eigenen Material, zu dem auch ihre Beobachtungen der Beobachtungen anderer gehören. Selbst die Beobachtung anderer Beobachter ist eine Selbstbeobachtung, da es die eigenen Unterscheidungen sind, in denen sich diese oder jene Unterscheidungen anderer Beobachter verfangen.

Eine ›systemische‹ Methodologie neigt dazu, diese Zusammenhänge offenzulegen und ebenso produktiv wie kreativ zu nutzen.[486] Beobachtungen werden gemacht; sie ergeben sich nicht passiv aus dem Gegenstand, dem sie gelten. Schon der Gegenstand ist ein Produkt. Die ›Fabrikation von Erkenntnis‹ kann ihre aktiven Momente nicht mehr verschweigen, seit selbst in den Naturwissenschaften die Beobachterabhängigkeit jeder Konstruktion von Wirklichkeit erkannt worden ist. Der Beobachter bewegt sich nicht mehr in einem euklidischen oder galileischen Raum gegebener Koordinaten, sondern in einem gaussschen Raum von ›Bezugsmollusken‹.[487]

Die Entscheidung für die Arbeit an und mit einem Katjekt ist die Entscheidung eines Beobachters für die Arbeit an einer Komplexität, die ihn und sie einbezieht. Im strengen Sinn einer kybernetischen Methodologie geht es bei dieser Arbeit nicht um Verstehen, sondern um Kontrolle, und nicht um die Kontrolle des Gegenstands, sondern der

Beobachtung selbst.[488] Es geht um den Aufbau eines Gedächtnisses der Beobachtung für sie selbst, gewonnen aus Experimenten mit der Erfüllung und Enttäuschung eigener Erwartungen. Lief das in der frühen Kybernetik darauf hinaus, in Input/Output-Tabellen die Reaktionen von Black Boxes zu notieren, um ihren Transformationsfunktionen auf die Spur zu kommen,[489] so explodiert das Feld der Möglichkeiten mit der Einführung von Zustandsfunktionen und operationaler Geschlossenheit, so dass sich der Beobachter auf eine eigene Geschichte – einen eigenen ›Tanz‹ – mit dem Gegenstand einlassen muss.[490]

Komplexität ist hierfür schon deswegen die Einstiegsbedingung, weil sie nicht zuletzt auch für das Verhältnis von Beobachter und Gegenstand gilt. Komplexität ist das Beobachtungsmedium, in dem der Gegenstand nicht auf seine Beobachtung und die Beobachtung nicht auf ihren Gegenstand reduziert werden kann. Sie bilden eine Trope aufeinander nicht reduzierbarer, aber aufeinander angewiesener Inhalte jeder möglichen Beobachtung.[491] Die Autonomie, die dadurch für Beobachtung und Gegenstand gewonnen wird, wird nur dadurch begrenzt, dass sie für beide Seiten aufrechtzuerhalten ist.

Mit der Formulierung eines Katjekts beteiligt sich der Beobachter an der Konstruktion eines autonomen Gegenstands. Das lohnt sich nicht immer, aber es lohnt sich immer dann, wenn der Beobachter auf seine Autonomie wert legt. Das gilt für die Designerin, die mit einem materiellen oder auch immateriellen Objekt konfrontiert ist, ebenso wie für den Therapeuten oder die Beraterin, die es mit einem sozialen System zu tun haben, und die Soziologin, die einem gesellschaftlichen Nexus auf der Spur ist. Nicht alles muss, aber alles kann als ein Katjekt formuliert werden. Man denke nur an Berg, Baum und Stein als Gegenstände einer buddhistischen Meditation.

Jede Beobachtung als Selbstbeobachtung zu verstehen (zu kontrollieren), ist der erste Schritt zur Positionierung eines Beobachters. Dieser Schritt schafft die Ungewissheit, die alles Weitere ermöglicht. Beobachte ich etwas oder beobachte ich mich? Es ist die Antwort auf diese unentscheidbare Frage, die es mir erlaubt, meinen Gegenstand zu entfalten. Ich notiere ein Katjekt, in dem ich nicht nur für das Gleichheitszeichen, sondern auch für die linke und die rechte Seite der Gleichung verantwortlich bin.

Katjekte erheben Erkenntnisansprüche. Sie sind das Produkt wissenschaftlicher Arbeit und unterstützen die professionelle Praxis. Sie folgen theoretischen Überlegungen, genügen einer Methode und stellen sich einer kritischen Überprüfung. Ungewohnt ist, dass der Beobachter sich zu seinen Beobachtungen bekennt. Katjekten geht es jedoch nicht um Objektivität, sondern um Argumentation. Sie stellen sich einer gesellschaftlichen Praxis, konfrontieren sich einem historischen, theoretischen oder empirischen Material und zählen darauf, jederzeit fortgesetzt und variiert zu werden. Ihre Erkenntnis ist situativ, und sie wissen es. Zu jedem Zeitpunkt kann ein Kontext aufgerufen werden, der den pervasiven Raum der Form in einem neuen Licht zu sehen erlaubt. Jederzeit kann die Form durch neue imaginäre Werte untertunnelt werden. Eingespannt zwischen die beiden Horizonte einer inneren und einer äußeren Unendlichkeit sind Katjekte unabschließbar und deswegen kritisch. Wie jedes Argument lassen sie sich widerlegen. Wie jedes Argument sind sie auf eine Praxis, bestimmte Konventionen, latente Funktionen und manifeste Interessen der Argumentation hin zu durchleuchten. Wie jedes Argument dienen sie der Aufklärung, ohne ausschließen zu können, ideologisch motiviert zu sein, einem Unbewussten zum Durchbruch zu verhelfen oder ein Trauma zu verarbeiten. Doch genau darum geht es. Katjekte sind eine Form der Selbsterkenntnis, die sich zur Diskussion stellt.

Katjekte arbeiten mit syntaktischen, semantischen und pragmatischen Daten, die in der Regel nicht quantifiziert werden können, sondern verbalisiert werden müssen. Diese Daten sind Wörter, Begriffe, Sätze, die untereinander verknüpft einen Sachverhalt bezeichnen. Jedes Katjekt ist eine Aussage höherer Ordnung, deren Sinn und Bedeutung in Abhängigkeit von allen in ihr enthaltenen Inhalten einzuschätzen sind, und jederzeit, abhängig von einer Dynamik der Ausdifferenzierung, Reproduktion und Integration, variiert werden kann. Jedes Katjekt ist dementsprechend auch als ein Graph zu verstehen, der die Spencer-Brownsche Notation nutzt, um kommunikative Abhängigkeiten zwischen Inhalten darzustellen. Die Mathematik, die hier misst und rechnet, ist eine Mathematik der Sprache, nicht der Zahlen. Es geht in Übereinstimmung mit einem modernen Verständnis von Mathematik um Formen von Beschreibungen, abhängig vom Zählen passender Ereignisse, der Wahrnehmung ihres Orts und ihrer Ordnung und einer Offenlegung ihrer wechselseitigen Abhängigkeit.[492]

Methodologisch sind Katjekte einer ›konstruktivistischen‹ Epistemologie verpflichtet. Sie betrachten ihren Gegenstand nicht als objektiv gegeben, sondern stellen ihn selbst her.[493] Eine Katjekt ist wie eine Brücke über einen Fluss, ein Argument vor Gericht, die Verschreibung einer Therapie, die Perspektive einer Beratung, das Rezept eines Kochs, die Dramaturgie einer Inszenierung, das Programm eines Softwareentwicklers. Sie sollen funktionieren. Wesentliche Informationen erhält man erst im Prozess ihrer Herstellung. Druckpunkte, Widerstände, Überleitungen, Absicherungen und Schwachstellen stellen sich erst heraus, wenn man schon mittendrin ist. Selbst die Distanz und die Objektivierung sind Elemente der Erprobung, die die Position der Beobachtung nicht isolieren, sondern in ein Verhältnis zum Gegenstand, zum Sachverhalt, zu seinen Inhalten setzen.

Herbert A. Simon empfiehlt einer Wissenschaft artifizieller oder synthetischer Gegenstände eine Methodologie der Optimierung.[494] Gemessen wird nicht die Wahrheit der Erkenntnis im Verhältnis zur Evidenz eines Gegenstands, sondern gemessen wird der Grad der Einlösung einer Absicht. Auch das ist eine Form der Objektivierung, insofern das Kriterium der Herstellung einer Erkenntnis dieser äußerlich ist. Jüngere Fassungen einer Methodologie komplexer Entwicklungsprozesse entwerfen ›agile‹, das heißt in Rückkopplungen mit einem Auftraggeber rekursiv abgesicherte und beschleunigte Prozesse des laufenden Abgleichs zwischen Erkenntnis und Bewertung.[495] Doch selbst dann bleibt es dabei, dass Erkenntnis und Bewertung nicht ineins fallen, sondern verteilten Momenten und Beobachtungen zugeordnet werden, die eine grundsätzlich kritische Kultur des Einspruchs sicherstellen.

Die Absicht eines Katjekts liegt in der Einlösung einer Reflexion.[496] Man arbeitet so lange an ihm, bis allen Einwänden gegenüber seinen Inhalten und Unterscheidungen Rechnung getragen ist. Die Einwände sind die einer Situation im Kontext einer Reflexion, die sich mit der Sache, die sie reflektiert, jederzeit nicht-identisch weiß. Garantien der Konsistenz und Vollständigkeit gibt es nicht. Die Form, um die es hier geht, ist nicht die ideale Form einer unberührbaren Ewigkeit, sondern die prekäre und fließende Form einer Gegenwart. Das ist genau die Wirklichkeit, der Platon seine ›ewigen‹ Formen und Ideen gegenübergestellt hatte.[497] Es ist genau das Wissen, das mit Karl Mannheim nicht als universell, sondern als partikular gelten muss.[498] Man denke an die Intuition der Quantenphysik, eine Mathematik der Transformation zu entwerfen, die aus eher irrelevanten Details der Oberfläche von Phänomenen auf Invarianten zu schließen versucht, die wiederum in einem Verhältnis zu bestimmten Bezugssystemen stehen.[499] Am Ende findet man nichts als Rekursion.

Formen sind das Ergebnis ihrer eigenen Transformation und der Ausgangspunkt weiterer Transformationen. Wie Irrlichter tanzen sie auf dem Fluss eines Geschehens, der dennoch nur an ihnen kenntlich ist. Am Ende stößt die Rekursion als Reflexion auf sich selbst und beginnt an diesem Punkt von Neuem, mit einer ersten Spencer-Brown-Transformation,

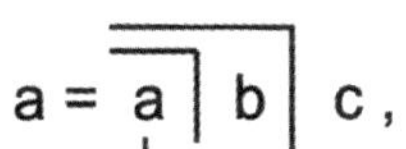

und

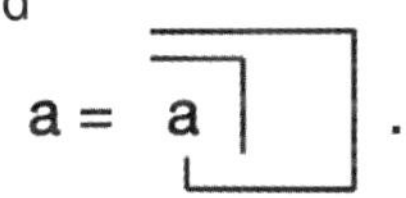

ENDNOTEN

1 Siehe Humberto R. Maturana-Romesín und Jorge Mpodozis, »The Origin of Species by Means of Natural Drift«, in: *Revista Chilena de Historia Natural* 73 (2000), S. 261-310.

2 Siehe Georg Wilhelm Friedrich Hegel, *Wissenschaft der Logik. Die Lehre vom Sein*, hrsg. von Hans-Jürgen Gawoll, Hamburg 1990, S. 241ff.; vgl. Michael Wolff, »Hegel und Cauchy: Eine Untersuchung zur Philosophie und Geschichte der Mathematik«, in: Rolf-Peter Horstmann und Michael John Petry (Hrsg.), *Hegels Philosophie der Natur: Beziehungen zwischen empirischer und spekulativer Naturerkenntnis*, Stuttgart 1986, S. 197-263; und Karl Marx, *Matemati eskie rukopisi* [*Mathematische Manuskripte*], Moskva 1968, S. 28ff. und 46ff., Ausgabe *Mathematische Manuskripte*, hrsg. von Wolfgang Endemann, Königstein/Ts. 1974, S. 51ff. und 60ff.

3 Siehe dazu Brian Rotman, *Die Null und das Nichts. Eine Semiotik des Nullpunkts*, Berlin 2000.

4 Siehe Paul J. Nahin, *Oliver Heaviside: The Life, Work, and Times of an Electrical Genius of the Victorian Age*, Baltimore, MD, neue Ausgabe 2002, S. 219f.; und vgl. Bernhard Siegert, »Coding as Cultural Technique: On the Emergence of the Digital from Writing AC«, in: *Grey Room* 70 (Winter 2018), S. 6-23.

5 Siehe Gotthard Günther, »Life as Poly-Contexturality«, in: ders., *Beiträge zu einer operationsfähigen Dialektik*, Bd. 2, Hamburg, 1979, S. 283-306; ders., »Identität, Gegenidentität und Negativsprache«, in: *Hegel-Jahrbuch 1979*, Köln 1980, S. 22-88; und Dirk Baecker, »Negativsprachen aus soziologischer Sicht«, in: ders., *Wozu Theorie? Aufsätze*, Berlin 2016, S. 78-114.

6 Siehe Fritz B. Simon, *Formen: Zur Kopplung von Organismus, Psyche und sozialen Systemen*, Heidelberg 2018; ders., *Formen (reloaded): Zur Kopplung von Organismus, Psyche und sozialen Systemen*, 4 Bde., Heidelberg 2022.

7 Harold Garfinkel, *Studies in Ethnomethodology*, Nachdruck Oxford 1984, S. 5ff.

8 Anregend dazu Erich Auerbach, *Mimesis: Dargestellte Wirklichkeit in der abendländischen Literatur*, 11. Aufl., Tübingen 2015; ders., »Figura«, in: Friedrich Balke und Hanna Engelmeier (Hrsg.), *Mimesis*

und Figura, mit einer Neuausgabe des ›Figura‹-Aufsatzes von Erich Auerbach. Mimesis und Medien 1, 2., durchges. Aufl., Paderborn 2018, S. 121-188; und vgl. Martin Treml und Karlheinz Barck (Hrsg.), *Erich Auerbach: Geschichte und Aktualität eines europäischen Philologen*, Berlin 2007.

9 Siehe jedoch Experimente bei Rainald Goetz, *Abfall für alle: Roman eines Jahres*, Frankfurt am Main 1999.

10 So Friedrich Nietzsche, *Nachgelassene Fragmente 1885–1887*. Kritische Studienausgabe, hrsg. von Giorgio Colli und Mazzino Montinari, Bd. 12, München 1999, Fragment 65, Nr. 9, S. 383f.

11 Siehe Daniel Defoe, *Ein Essay über Projekte*, hrsg. und kommentiert von Christian Reder, Wien 2006; und vgl. Georg Stanitzek, »Der Projektmacher: Projektionen auf eine ›unmögliche‹ moderne Kategorie«, in: Markus Krajewski (Hrsg.), *Projektemacher: Zur Produktion von Wissen in der Vorform des Scheiterns*, Berlin 2004, S. 29-48.

12 Siehe Alfred North Whitehead, *Process and Reality: An Essay on Cosmology*, hrsg. von David Ray Griffin und Donald W. Sherburne, New York 1979, S. 27f.

13 Siehe Peter Fuchs, »Autopoiesis, Mikrodiversität, Interaktion«, in: Oliver Jahraus und Nina Ort (Hrsg.), *Bewußtsein – Kommunikation – Zeichen: Wechselwirkung zwischen Luhmannscher Systemtheorie und Peircescher Zeichentheorie*, Tübingen 2001, S. 49-56; ders., *DAS Sinnsystem: Prospekt einer sehr allgemeinen Theorie*, Weilerswist 2015, S. 16.

14 Siehe Julian Bleecker, »Why Things Matter: A Manifesto for Networked Objects – Cohabiting with Pigeons, Arphids and Aibos in the Internet of Things«, online: dogwonder.co.uk/wp-content/uploads/2021/04/WhyThingsMatter.pdf; Martin Dodge und Rob Kitchin, »Software, Objects, and Home Space«, in: *Environment and Planning* A 41 (2009), S. 1344-1365; Roger Burrows und David Beer, »Rethinking Space: Urban Informatics and the Sociological Imagination«, in: Kate Orton-Johnson und Nick Prior (Hrsg.), *Digital Sociology: Critical Perspectives*, London 2013, S. 61-78.

15 So Jacques Derrida, *Einige Statements und Binsenweisheiten über Neologismen, Newismen, Post-Ismen, Parasitismen und andere kleine Seismen*, Berlin 1997; und Thomas Khurana, »Supertheorien,

theoretical jetties und die Komplizenschaft von Theorien: Zu Verständnis- und Konstruktionsweisen im Feld selbstbezüglicher Theorien«, in: Peter Ulrich Merz-Benz und Gerhard Wagner (Hrsg.), *Die Logik der Systeme: Zur Kritik der systemtheoretischen Soziologie Niklas Luhmanns*, Konstanz 2000, S. 327-370.

16 Siehe Niklas Luhmann, »Die Soziologie des Wissens: Probleme ihrer theoretischen Konstruktion«, in: ders., *Gesellschaftsstruktur und Semantik: Studien zur Wissenssoziologie der modernen Gesellschaft*, Frankfurt am Main 1995, S. 151-180, hier S. 167 und 162ff. mit Verweis auf Karl Mannheim, »Das Problem einer Soziologie des Wissens«, in: *Archiv für Sozialwissenschaft und Sozialpolitik* 53, Nr. 3 (1925), S. 577-652 (zit. nach dem Wiederabdruck in: ders., *Wissenssoziologie: Auswahl aus dem Werk*, hrsg. von Kurt H. Wolff, 2. Aufl., Neuwied 1970, S. 308-387).

17 Siehe Martin Heidegger, *Phänomenologische Interpretationen zu Aristoteles (Anzeige der hermeneutischen Situation)*, mit e. Essay v. Hans-Georg Gadamer, »Heideggers berühmter Natorp-Bericht von 1922«, hrsg. von Günther Neumann, Frankfurt am Main 2013, S. 39ff.; ders., *Grundbegriffe der aristotelischen Philosophie. Gesamtausgabe, II. Abteilung: Vorlesungen 1919-1944*, Bd. 18, Marburger Vorlesung Sommersemester 1924, Frankfurt am Main 2002, S. 302f.

18 Heidegger, *Phänomenologische Interpretationen zu Aristoteles*, S. 64f.

19 Siehe Hans-Georg Gadamer, »Einleitung«, in: Plato, *Texte zur Ideenlehre*, hrsg. und übers. von Hans-Georg Gadamer, Frankfurt am Main 1978, S. 7-10; T. Wagner, »idea/Idee, Form, Gestalt«, in: Otfried Höffe (Hrsg.), *Aristoteles-Lexikon*, Stuttgart 2005, S. 288-291.

20 Siehe Giambattista Vico, *Die neue Wissenschaft über die gemeinschaftliche Natur der Völker*, übers. von Erich Auerbach, 2. Aufl., mit einem Nachwort von Wilhelm Schmidt-Biggemann, Berlin 2000; und Karl Marx, »Thesen über Feuerbach«, in: ders., *Werke*, Bd. 3, Berlin 1958, S. 533-535.

21 Siehe F. William Lawvere und Stephen H. Schanuel, *Conceptual Mathematics: A First Introduction to Categories*, 2. Aufl., Cambridge 2009.

22 Im Sinne von Wolfgang Coy, »Auf dem Weg zum ›finalen Interface‹: Ein medienhistorischer Essay«, in: Hans Dieter Hellige (Hrsg.),

Mensch-Computer-Interface: Zur Geschichte und Zukunft der Computerbedienung, Bielefeld 2008, S. 309-321, hier S. 314.

23 Siehe George Spencer-Brown, *Laws of Form*, London 1969, Lübeck 1997, 5., intern. Ausgabe Leipzig 2008, S. 91 (im Folgenden, wenn nicht anders angegeben, nach dieser Ausgabe zitiert). Vgl. zur Einführung Louis H. Kauffman, »Self-Reference and Recursive Forms«, in: *Journal of Social and Biological Structures* 10 (1987), S. 53-72; Dirk Baecker (Hrsg.), *Kalkül der Form*, Frankfurt am Main 1993; ders. (Hrsg.), *Probleme der Form*, Frankfurt am Main 1993; Tatjana Schönwälder-Kuntze, Katrin Wille und Thomas Hölscher, *George Spencer Brown: Eine Einführung in die ›Laws of Form‹*, 2., überarb. Aufl., Wiesbaden 2009.

24 Siehe Dirk Baecker, »Die Spencer-Brown-Transformation«, in: *Soziale Systeme: Zeitschrift für soziologische Theorie* 28, Nr. 1 (2023), S. 96-117.

25 *Laws of Form*, S. 3. – Ich danke Matthias Varga von Kibéd für den Hinweis auf diesen ›Bruch‹ zwischen Kapitel 1 und Kapitel 2.

26 Ebd., S. 1.

27 Ebd.

28 Ebd., S. 91.

29 Siehe George Spencer-Brown, »Design with the NOR«, in: Steffen Roth, Markus Heidingsfelder, Lars Clausen, and Klaus Brønd Laursen (Hrsg.), *George Spencer Brown's ›Design with the NOR‹: With Related Essays*, Bingley 2021, S. 7-22; und vgl. Niklas Luhmann, »Über die Funktion der Negation in sinnkonstituierenden Systemen«, in: Harald Weinrich (Hrsg.), *Positionen der Negativität. Poetik und Hermeneutik*, Bd. VI, München 1975, S. 201-218 (wiederabgedruckt in: ders., *Soziologische Aufklärung 3: Soziales System, Gesellschaft, Organisation*, Opladen 1981, S. 35-49).

30 Siehe Julia Kristeva, *Σημειωτικη: Recherches pour une sémanalyse*, Paris 1969, S. 185ff.; dies., *Die Revolution der poetischen Sprache*, Frankfurt am Main 1978, S. 123ff.

31 *Laws of Form*, S. xf. und 91.

32 Ebd., S. 46 und 53.

33 Ludwig Wittgenstein, *Tagebücher 1914-1918. Schriften*, Bd. 1, Frank-

furt am Main 1980, S. 85-278, S. 147 und 176; und ders., *Tractatus logico-philosophicus*, Frankfurt am Main 1963, Sätze 2.11, 3.42 und 4.463; vgl. Martin Pilch, »The Structure of Wittgenstein's Logical Space«, in: *Wittgenstein-Studien* 8, Nr. 1 (2017), S. 15-60; und John Preston, »Logical Space and Phase-Space«, in: Danièle Moyal-Sharrock, Volker Munz und Annalisa Coliva (Hrsg.), *Mind, Language and Action: Proceedings of the 36th International Wittgenstein Symposium*, Berlin 2015, S. 35-44.

34 Ich danke Walter Tydecks für diesen Hinweis.

35 Siehe zur Arbeit an Notationen die Ausstellung der Akademie der Künste, Berlin, und des ZKM | Zentrum für Kunst und Medientechnologie Karlsruhe, *Notation: Kalkül und Form in den Künsten*, Berlin 2008; Rem Koolhaas, »Patent Office«, in: ders. (Hrsg.), *Content*, Köln 2004, S. 73-83 und 510-513; William Forsythe, *Improvisation Technologie: A Tool for the Analytical Dance Eye*, Ostfildern 1999.

36 Siehe R. D. Laing, *Knots*, New York 1970.

37 Siehe www.osmoz.com/perfumes/dior/7085/gris-montaigne.

38 Siehe de.wikipedia.org/wiki/ADSR.

39 Siehe Jürgen Dollase, »Kochen und Essen: Auf dem Weg von der Kulturtechnik zu einer individuellen Ausdrucks- und Erlebnisform«, *The Basel Media Culture and Cultural Techniques Working Papers* 006, Universität Basel 2021, S. 8.

40 Siehe zum Sprachspiel Wittgenstein, *Philosophische Untersuchungen. Schriften I*, 4. Aufl., Frankfurt am Main 1953, S. 292f./Nr. 7, S. 300f./Nr. 23 und 24; S. 503ff.; vgl. David Bloor, *Wittgenstein: A Social Theory of Knowledge*, London 1983; Stanley Cavell, »Declining Decline: Wittgenstein as a Philosopher of Culture«, in: *Inquiry: An Interdisciplinary Journal of Philosophy* 31, Nr. 3 (1988), S. 253-264.

41 Spencer-Brown, *Laws of Form*, S. 53.

42 Ebd., S. 9; und ders., »Preface to the 1994 edition«, in: ders., *Laws of Form*, Portland OR, 1994, S. vii-x, hier S. viii (Vergleich mit Sakyamuni); sowie Schönwälder-Kuntze, Willo und Hölscher, *George Spencer-Brown*, S. 37ff.; und Peter Fuchs, *Die Metapher des Systems: Studien zur allgemein leitenden Frage, wie sich der Tänzer vom Tanz unterscheiden lasse*, Weilerswist 2001, S. 245ff.

43 George Spencer-Brown, *Laws of Form: Gesetze der Form*, Lübeck 1997, S. ix.

44 Siehe Adorno, *Negative Dialektik*, S. 17 u. ö.; und Theodor W. Adorno, *Einführung in die Dialektik (1958)*, hrsg. von Christoph Ziemann, Berlin 2015, S. 15ff.; und vgl. Sebastian Brandl, *Reflexion – Identität – Geist: Hegel als (Post-)Luhmannscher Denker?*, München 2010.

45 So Wittgenstein, *Tractatus logico-philosophicus*, 6.01.

46 Jacques Derrida, »Die différance«, in: ders., *Die différance: Ausgewählte Texte*, hrsg. von Peter Engelmann, Stuttgart 2004, S. 119.

47 Siehe Volker Sielaff, »Anmerkung zu Platon«, in: ders., *selbstporträt mit zwerg: gedichte*, Wiesbaden 2012, S. 14.

48 Siehe Peter Fuchs und Franz Hoegl, »Die Schrift der Form«, in: Bernhard Pörksen (Hrsg.), *Schlüsselwerke des Konstruktivismus*, Wiesbaden 2011, S. 175-207; Franz Hoegl, »Formen, Kreise, Diagramme: Bemerkungen zur Notation von ›Formen‹«, in: *Soziale Systeme: Zeitschrift für soziologische Theorie* 28, Nr. 1 (2023), S. 67-94; und Dirk Baecker, »Distinktion und Kalkül«, in: Günther Emlein, Markus Heidingsfelder und Kai-Uwe Hellmann (Hrsg.), *Probat experiri: Peter Fuchs zum 75. Geburtstag*, Münster 2024, S. 31-46.

49 Spencer-Brown, *Laws of Form: Gesetze der Form*, S. xv.

50 So Niklas Luhmann, »Die Kontrolle von Intransparenz«, in: ders., *Die Kontrolle von Intransparenz*, hrsg. von Dirk Baecker, Berlin 2017, S. 96-120, S. 100f.

51 Spencer-Brown, *Laws of Form*, S. 45.

52 Ebd., S. 48.

53 Ebd., S. 53.

54 Auch im Sinne von Gianni Vattimo und Leonardo Amoroso (Hrsg.), *Il pensiero debole*, Milano 1983; Jacques Derrida, »Unterwegs zu einer Ethik der Diskussion«, in: ders., *Die différance*, S. 279-333.

55 Siehe Johan Galtung, »Cultural Violence«, in: *Journal of Peace Research* 27 (1990), S. 291-305.

56 Siehe John Stillwell, *Mathematics and Its History*, 2. Aufl., New York 2002, S. 383f.; Paul J. Nahin, *An Imaginary Tale: The Story of √-1*, Princeton NJ 1998; Alain Badiou, *Number and Numbers*, Cambridge 2008, S. 228, Fn. 6.

57 Auch im Sinne von Gilles Deleuze, *Differenz und Wiederholung*, 2., korr. Aufl., München 1992.

58 Vgl. Cornelius Castoriadis, *Gesellschaft als imaginäre Institution: Entwurf einer politischen Philosophie*, Frankfurt am Main 1984, S. 12; ders., »L'imaginaire comme tel«, in: ders., *L'imaginaire comme tel*, hrsg. von Arbaud Tomès, Paris 2007, S. 145-158.

59 Siehe Georg Wilhelm Friedrich Hegel, *Enzyklopädie der philosophischen Wissenschaften im Grundrisse (1830)*, hrsg. von Friedhelm Nicolin und Otto Pöggeler, 7., durchges. Aufl., erneut durchges. Nachdruck, Hamburg 1975, § 88, S. 110.

60 Wittgenstein, *Tractatus logico-philosophicus*, 6.01.

61 Siehe Pythagoras in *Die Vorsokratiker I*, Auswahl der Fragmente, Übers. und Erläuterungen von Jaap Mansfeld, griechisch/deutsch, Stuttgart 1999, S. 101f.

62 Platon, *Philebos. Sämtliche Werke*, Bd. 3, übersetzt von Friedrich Schleiermacher, Reinbek bei Hamburg 1994, S. 419-504, hier 23c-d. Vgl. Georgia Mouroutsou, »Die Metapher der Mischung in den platonischen Dialogen Sophistes und Philebos«, in: *Prolegomena* 6, Nr. 2 (2007), S. 171-202.

63 Ebd., 24a-b, 25b, 26d und 30d.

64 Aristoteles, *Über die Seele: De anima*, griech./deutsch, übersetzt, mit einer Einleitung und Anmerkungen hrsg. v. Klaus Corcilius, Hamburg 2017, 427a3-7.

65 Siehe dazu Gyburg Radke, *Die Theorie der Zahl im Platonismus: Ein systematisches Lehrbuch*, Tübingen 2003.

66 So Sebastian Florian Weiner, *Aristoteles' Bestimmung der Substanz als ›logos‹*, Hamburg 2016, S. 139.

67 So Werner Schüßler, *Leibniz' Auffassung des menschlichen Verstandes (intellectus): Eine Untersuchung zum Standpunktwechsel zwischen ›Systeme commun‹ und ›Systeme nouveau‹ und dem Versuch ihrer Vermittlung*, Berlin 1992, S. 14ff. und 119ff.

68 Siehe Walter Feilchenfeld, »Leibniz und Henry Moore: Ein Beitrag zur Entwicklungsgeschichte der Monadologie«, in: *Kant-Studien* 28 (1923), S. 323-334.

69 Siehe Gottfried Wilhelm Leibniz, *Monadologie*, franz./deutsch, übers. und hrsg. von Hartmut Hecht, Stuttgart 2021, §§ 18, 37f., 78, 84ff.; und vgl. Thomas Leinkauf, »Der Monadenbegriff in der frühen Neu-

zeit«, in: Hanns-Peter Neumann (Hrsg.), *Der Monadenbegriff zwischen Spätrenaissance und Aufklärung*, Berlin 2009, S. 1-23; sowie Uwe Arnold, *Die Entelechie: Systematik bei Platon und Aristoteles*, Wien o.J. [1965].

70 Siehe Thomas Leinkauf, »Monas/Monade/Monadologie«, in: Hans Jörg Sandkühler (Hrsg.), *Enzyklopädie Philosophie*, Hamburg 1999, S. 1649-1660, hier S. 1653.

71 So Tobias Cheung, »System, Mikrooperator und Transformation: Leibniz' gemeinsames Ordnungsdispositiv der Monade und des Lebendigen im naturgeschichtlichen Kontext«, in: Hanns-Peter Neumann (Hrsg.), *Der Monadenbegriff zwischen Spätrenaissance und Aufklärung*, Berlin 2009, S. 143-201.

72 Leibniz, *Monadologie*, §§ 15, 60, 19, 83.

73 Ebd., § 58.

74 So Hubertus Busche, »Einführung«, in: ders. (Hrsg.), *Gottfried Wilhelm Leibniz: Monadologie*, Berlin 2009, S. 1-34.

75 Siehe Schüßler, *Leibniz' Auffassung des menschlichen Verstandes (intellectus)*, S. 76; und ders., »Nisi ipse intellectus: Zu einem angeblichen Philosophoumenon Leibnizens«, in: *Archiv für Begriffsgeschichte* 34 (1991), S. 314-325.

76 Siehe Gottfried Wilhelm Leibniz, »Specimen dynamicum«, in: ders., *Hauptschriften zur Grundlegung der Philosophie*, hrsg. von Ernst Cassirer, Bd. I, Hamburg 1904, erg. Aufl. 1966, S. 256-272.

77 Siehe *Monadologie*, § 17.

78 Ebd.

79 Siehe Cornelius Zehetner, »Vinculum substantiale: der Briefwechsel zwischen Leibniz und Des Bosses. Einleitung«, in: Gottfried Wilhelm Leibniz, *Der Briefwechsel mit Bartholomäus Des Bosses*, hrsg. von Cornelius Zehetner, Hamburg 2007, S. XXV-CXXVI, hier S. XXIXf. und XLII.

80 Siehe dazu Gottfried Wilhelm Leibniz, *Das Neueste von China (1697)*, übers. und hrsg. von Heinz-Günther Nesselrath und Hermann Reinbothe, Köln 1979; und Friedrich Beiderbeck, Irene Dingel and Wenchao Li (Hrsg.), *Umwelt und Weltgestaltung: Leibniz' politisches Denken in seiner Zeit*, Göttingen 2015.

81 Siehe Michel Serres, »Préface«, in: Christiane Frémont, *L'Être et la Relation, avec trente cinq lettres de Leibniz au R.-P. Des Bosses*, 2. Aufl., Paris 1999, S. 7-9; sowie Christiane Frémont, » L'Être et la Relation«, ebd., S. 13-77.

82 Mit Warren S. McCulloch, »A Heterarchy of Values Determined by the Topology of Nervous Nets«, in: ders., *Embodiments of Mind*, 2. Aufl., Cambridge MA 1989, S. 40-45.

83 So Ernst Cassirer, *Freiheit und Form: Studien zur deutschen Geistesgeschichte. Gesammelte Werke*, Bd. 7, hrsg. von Birgit Recki, Hamburg 2001, S. 20 und 22ff.

84 Siehe Detlef Laugwitz, *Zahlen und Kontinuum: Eine Einführung in die Infinitesimalmathematik*, Mannheim 1986; Herbert Breger, »Das Kontinuum bei Leibniz«, in: ders., *Kontinuum, Analysis, Informales – Beiträge zur Mathematik und Philosophie von Leibniz*, hrsg. von Wenchao Li, Berlin 2016, S. 119-125; Jürgen Jost, *Leibniz und die moderne Naturwissenschaft*, Berlin 2019, S. 51ff.; und vgl. Aristoteles, *Physik*, 2 Bde., griech.-deutsch, übers., hrsg. von Hans Günter Zekl, Hamburg 1987, 231b16; Wolfgang Wieland, *Die aristotelische Physik: Untersuchungen über die Grundlegung der Naturwissenschaft und die sprachlichen Bedingungen der Prinzipienforschung bei Aristoteles*, 3. Aufl., Göttingen 1962, insbes. S. 278ff.; sowie Ernst Kleinert, *Mathematische Modelle des Kontinuums*, Wiesbaden 2019.

85 So Hartmut Hecht, »Anmerkungen«, in: Gottfried Wilhelm Leibniz, *Monadologie*, hrsg. von Hartmut Hecht, Stuttgart 2021, S. 66-97, hier S. 71.

86 *Monadologie*, § 7.

87 Ebd., Sätze 19ff., 49, 83f.

88 So Michel Serres, »Die Kommunikation der Substanzen, *more mathematico* bewiesen«, in: ders., *Hermes I: Kommunikation*, Berlin 1991, S. 215-229.

89 So in Edmund Husserl, »Beilage XXX. Der fremde Leib ist nicht ursprüngliche Einheit der Identität in meinem Erzeugen, er ist durch Analogie gedeutet (September 1921)«, in: ders. *Zur Phänomenologie der Intersubjektivität. Texte aus dem Nachlaß*, 2. Teil: 1921-1928, hrsg. von Iso Kern, Den Haag 1973, S. 234-272, Nr. 13, §4.

[90] Siehe Alois Hahn, »Verständigung als Strategie«, in: Max Haller, Hans-Joachim Hoffmann-Nowotny und Wolfgang Zapf (Hrsg.), *Kultur und Gesellschaft. Verhandlungen des 24. Deutschen Soziologentags, Zürich 1988*, Frankfurt am Main 1989, S. 346-359.

[91] *Monadologie*, §§ 32, 36f., 53f.

[92] Siehe Louis Couturat, »Über Leibniz' Metaphysik«, in: Albert Heinekamp und Franz Schupp (Hrsg.), *Leibniz' Logik und Metaphysik*, Darmstadt 1988, S. 57-80.

[93] So Immanuel Kant, *Kritik der reinen Vernunft*, Frankfurt am Main 1968, B327.

[94] Siehe Hubertus Busche, *Leibniz' Weg ins perspektivische Universum: Eine Harmonie im Zeitalter der Berechnung*, Hamburg 1997.

[95] So Horst Bredekamp, *Die Fenster der Monade: Gottfried Wilhelm Leibniz' Theater der Natur und der Kunst*, 2. Aufl., Berlin 2008, S. 22.

[96] Siehe auch Horst Bredekamp, »Monaden sind Fenster: Perspektiven eines befreiten Leibniz«, in: Alexander Fischer und Annett Wienmeister (Hrsg.), *Grenzgänge in der Philosophie: Denken darstellen*, Leiden 2019, S. 77-96, unter Berufung auf Wolfram Hogrebe, *Der implizite Mensch*, Berlin 2013, S. 10, Anm. 7.

[97] So Hannes Böhringer, »Monas, Monade, im 19. und 20. Jahrhundert«, in: Joachim Ritter und Karlfried Gründer (Hrsg.), *Historisches Wörterbuch der Philosophie*, Bd. 6, Basel 1984, Sp. 121-125, hier Sp. 121.

[98] So Dietrich Mahnke, *Eine neue Monadologie*, Berlin 1917, S. 5.

[99] So Wieland, *Die aristotelische Physik*, S. 173ff. und 262ff.

[100] Siehe Wolfgang Cramer, *Die Monade: Das philosophische Problem vom Ursprung*, Stuttgart 1974, S. 51f.

[101] So in Wittgenstein, *Philosophische Untersuchungen*, Nr. 81, S. 67.

[102] So Niklas Luhmann, *Die neuzeitlichen Wissenschaften und die Phänomenologie*, Wien 1996, S. 39f.; und vgl. ders., *Die Politik der Gesellschaft*, Frankfurt am Main 2000, S. 107-109.

[103] So Niklas Luhmann, *Die Wissenschaft der Gesellschaft*, Frankfurt am Main 1990, S. 81, und ebd., S. 49 und 275ff.

[104] Siehe etwa Peter Mittelstaedt, *The Interpretation of Quantum Mechanics and the Measurement Process*, Cambridge 1998.

105 Siehe Walter Benjamin, *Ursprung des deutschen Trauerspiels. Gesammelte Schriften I. 1*, hrsg. von Rolf Tiedemann und Hermann Schweppenhäuser, Frankfurt am Main 1974, S. 203-430, hier S. 228; und vgl. Rainer Nägele, »Das Beben des Barock in der Moderne: Walter Benjamins Monadologie«, in: *Modern Language Notes* 106, 3 (1991), S. 501-527.

106 Siehe Marianne Schuller und Gunnar Schmidt, *Mikrologien: Literarische und philosophische Figuren des Kleinen*, Bielefeld 2003, S. 50ff.

107 Siehe *Monadologie*, §§ 56f. und 66-68.

108 Siehe Gottfried Wilhelm Leibniz, *Neue Abhandlungen über den menschlichen Verstand. Philosophische Werke in vier Bänden*, hrsg. von Ernst Cassirer, Band 3, Hamburg 1996, S. 164; und vgl. Sybille Kramer, »Symbolische Erkenntnis bei Leibniz«, in: *Zeitschrift für philosophische Forschung* 46, 2 (1992), S. 224-237; dies., *Berechenbare Vernunft: Kalkül und Rationalismus im 17. Jahrhundert*, Berlin 1991, S. 226ff.; sowie Ernst Kleinert, »Mathematik, Schrift und Kalkül«, *Hamburger Beiträge zur Mathematik* 274 (2007).

109 So Spencer-Brown, *Laws of Form: Gesetze der Form*, S. x.

110 So Raymond M. Smullyan, *Theory of Formal Systems*, rev. ed., Princeton NJ 1961, S. 2.

111 So Karl Schröter, »Ein allgemeiner Kalkülbegriff« (1941), in: *Forschungen zur Logik und zur Grundlegung der exakten Wissenschaften*, Neue Folge, Nr. 6, Nachdruck Hildesheim 1970, S. 5-43, hier S. 5. Die Idee eines ›leere Symbols‹ übernimmt Schröter von Hans Hermes, »Semiotik«, in: *Forschungen zur Logik und zur Grundlegung der exakten Wissenschaften*, Neue Folge, Nr. 5, Leipzig 1938, der es jedoch später (in: ders., *Aufzählbarkeit, Entscheidbarkeit, Berechenbarkeit: Einführung in die Theorie der rekursiven Funktionen*, Berlin 1961, S. 5) wieder fallen lässt. Auch Paul Bernays, »Review Karl Schröter, Ein allgemeiner Kalkülbegriff«, in: *Journal of Symbolic Logic* 8, 3 (1943), S. 77-79, hält es für überflüssig.

112 *Laws of Form*, S. 57.

113 So J. C. Burkill, *A First Course in Mathematical Analysis*, Nachdruck Cambridge 1991, S. 3.

114 Siehe etwa Werner Beierwaltes, *Proklos: Grundzüge seiner Metaphysik*, 2. Aufl., Frankfurt am Main 1979, S. 50ff.; Stascha Rohmer,

Die Idee des Lebens: Zum Begriff der Grenze bei Hegel und Plessner, Freiburg 2016, S. 31ff.

115 *Laws of Form*, S. 1.

116 Siehe George Boole, *An Investigation of the Laws of Thought on which are founded the Mathematical Theories of Logic and Probabilities*, New York 1958, S. 36f. und 18.

117 Siehe Leon Conrad, »Roots, shoots, fruits: William Blake and J M Robertson: two key influences on George Spencer-Brown's work and the latter's relationship to Niklas Luhmann's work«, in: *Kybernetes* 51, Nr. 5 (2022), S. 1879-1895, hier S. 1891; siehe auch ders., *Story and Structure: A Complete Guide*, London 2022.

118 So Whitehead, *Process and Reality*, S. 18 und 39f.

119 Auch im Sinne von Paul Lorenzen, *Einführung in die operative Logik und Mathematik*, Berlin 1955.

120 *Laws of Form*, S. 63.

121 So in Bertrand Russell und Alfred North Whitehead, *Principia Mathematica*, Bd. 1, Nachdruck Cambridge 1992, S. 37.

122 *Laws of Form*, S. 47; und vgl. Niklas Luhmann, »Die Paradoxie der Form«, in: Dirk Baecker (Hrsg.), *Kalkül der Form*, Frankfurt am Main 1993, S. 197-212.

123 Siehe Vanilla Beer, »The Names of Spencer-Brown«, in: Louis H. Kauffman et al. (Hrsg.,), *Laws of Form – A Fiftieth Anniversary*, Singapur 2022, S. 885-899.

124 Siehe Jurgen Ruesch und Gregory Bateson, *Communication: The Social Matrix of Psychiatry*, Reprint New York 1987; Paul Watzlawick, Janet H. Beavin und Don D. Jackson, *Menschliche Kommunikation: Formen, Störungen, Paradoxien*, Bern 1969; Anthony Wilden, *System and Structure: Essays in Communication and Language*, London 1972; Michel Serres, *Hermes I: Kommunikation*, Berlin 1991; Niklas Luhmann, *Soziale Systeme: Grundriß einer allgemeinen Theorie*, Frankfurt am Main 1984, S. 193ff.; Erving Goffman, *Wir alle spielen Theater: Die Selbstdarstellung im Alltag*, München 1969; ders., *Frame Analysis: An Essay on th Organization of Experience*, Cambridge MA 1974 ; Harvey Sacks, *Lectures on Conversation*, hrsg. von Gail Jefferson, Oxford 1995.

125 Siehe Dirk Baecker, *Form und Formen der Kommunikation*, Frankfurt am Main 2005, S. 15ff.

126 Ein wichtiger Terminus bei Sigmund Freud. Siehe Jean Laplanche und J.-B. Pontalis, *Vocabulaire de la psychanalyse*, Paris 1967, S. 33-36 (›après-coup‹), mit Nachweisen; und vgl. Friedrich-Wilhelm Eickhoff, »Über Nachträglichkeit: Die Modernität eines alten Konzepts«, in: *Jahrbuch der Psychoanalyse* 51 (2005), S. 139-161; Urs Stäheli, *Sinnzusammenbrüche: Eine dekonstruktive Lektüre von Niklas Luhmanns Systemtheorie*, Weilerswist 2000, S. 184ff.

127 Siehe Hans-Georg Möller, »Die chinesische Lehre von Formen und Namen (*xingming zhi xue*) aus der Sicht einer Philosophie der Zeichen«, in: Jürgen Wertheimer und Susanne Größe (Hrsg.), *Zeichen lesen: Lese-Zeichen: Kultursemiotische Vergleiche von Leseweisen in Deutschland und China*, Tübingen 1999, S. 491-497; ders., *In der Mitte des Kreises: Daoistisches Denken*, Frankfurt am Main 2001, S. 165ff.; Jean François Billeter, *Das Wirken in den Dingen: Vier Vorlesungen über das Zhuangzi*, Berlin 2015, S. 100; sowie Aristoteles, *Über die Seele*, 419a20.

128 So Niklas Luhmann, »Erkenntnis als Konstruktion«, in: ders., *Die Kontrolle von Intransparenz*, S. 9-29, hier S. 22f., im Anschluss an Fritz Heider, *Ding und Medium*, Berlin 2005.

129 So in Maren Lehmann, »Eine schicksalhafte Verbindung: Mathematik und Soziologie«, in: Gregor Nickel et al. (Hrsg.), *Mathematik und Gesellschaft: Historische, philosophische und didaktische Perspektiven*, Wiesbaden 2018, S. 81-92, hier S. 88.

130 Luhmann, *Die Gesellschaft der Gesellschaft*, S. 195.

131 Heider, *Ding und Medium*, S. 66.

132 Ebd., S. 112ff.

133 So Niklas Luhmann, »Weltkunst«, in: Niklas Luhmann, Frederick D. Bunsen und Dirk Baecker, *Unbeobachtbare Welt: Über Kunst und Architektur*, Bielefeld 1990, S. 7-45.

134 Siehe Gabriel Tarde, *Monadologie et sociologie*, Nachdruck Le Plessis-Robinson 1999 (dt. 2008), insbes. S. 86ff.

135 Ebd., S. 87.

136 Ebd., S. 72.

137 Ebd., S. 56f.

138 So Michael Cuntz, »Monadologie und Moderne: Bemerkungen zu Leibniz' und Tardes Entwürfen der bestmöglichen Welt im Zeitalter ihres Verschwindens«, in: Eva Geulen und Claude Haas (Hrsg.), *Formen des Ganzen*, Göttingen 2022, S. 159-176.

139 Tarde, ebd., S. 33f und 44f.

140 So Jean Baudrillard, »Contrat social et pacte de solidarité«, in: Robert Kopp (Hrsg.), *Solidarität in der Welt der 80er Jahre: Leistungsgesellschaft und Sozialstaat*, Basel 1984, S. 97-111, hier S. 103. Vgl. René Girard, *Mensonge romantique et vérité romanesque*, Paris 1961.

141 *Monadologie*, § 6.

142 Siehe Niklas Luhmann, »Haltlose Komplexität«, in: ders., *Soziologische Aufklärung 5: Konstruktivistische Perspektiven*, Opladen 1990, S. 59-76.

143 So in Claude Lévis Strauss, »Einleitung in das Werk von Marcel Mauss«, in: Marcel Mauss, *Soziologie und Anthropologie*, Bd. 1, Frankfurt am Main 1978, S. 7-41, hier S. 38.

144 Siehe Terrence W. Deacon, *The Symbolic Species: The Co-Evolution of Language and the Human Brain*, New York 1997, S. 39ff.; und Ferdinand de Saussure, *Cours de linguistique générale*, hrsg. von Charles Bally und Albert Sechehaye, Paris 1972, S. 30.

145 So Karl Marx, *Das Kapital, Das Kapital: Kritik der politischen Ökonomie*, Bd. 1, Berlin 1980, S. 49ff.

146 So Heinrich Rickert, *Das Eine, die Einheit und die Eins: Bemerkungen zur Logik des Zahlbegriffs. Sämtliche Werke*, hrsg. von Rainer A. Bast, Bd. 1, Berlin 2020, S. 103-219, hier S. 121ff.

147 So Edmund Husserl, *Über den Begriff der Zahl: Psychologische Analysen*, Halle 1887, S. 63f.; Rickert, *Das Eine, die Einheit und die Eins*, S. 136ff.; und vgl. George Lakoff und Rafael E. Núñez, *Where Mathematics Comes From: How the Embodied Mind Brings Mathematics into Being*, New York 2000.

148 Siehe Claude E. Shannon und Warren Weaver, *The Mathematical Theory of Communication*, Reprint Urbana IL 1963, S. 31.

149 So Talcott Parsons, »A Paradigm of the Human Condition«, in: ders., *Action Theory and the Human Condition*, New York 1978, S. 352-433.

150 So Luhmann, *Soziale Systeme*, S. 194ff.

151 So Geoffrey F. Chew, Murray Gell-Mann und Arthur H. Rosenfeld, »Strongly Interacting Particles«, in: *Scientific American* 210, Nr. 2 (1964), S. 74-93; und George Gale, »Chew's Monadology«, in: *Journal of the History of Ideas* 35, Nr. 2 (1974), S. 339-348.

152 Siehe Leibniz, *Monadologie*, § 9, und vgl. Haig Khatchadourian, »Individuen und das Indiszernibilienprinzip«, in: Albert Heinekamp und Franz Schupp (Hrsg.), *Leibniz' Logik und Metaphysik*, Darmstadt 1988, S. 411-428.

153 So Jon Elster, »Marx et Leibniz«, in: *Revue philosophique de la France et de l'étranger* 173, Nr. 2 (1983), S. 167-177, hier S. 176f.

154 Siehe Luhmann, »Erkenntnis als Konstruktion«, S. 22.

155 Im Sinne von Heinz von Foerster, »Gegenstände: greifbare Symbole für (Eigen-)Verhalten«, in: ders., *Wissen und Gewissen: Versuch einer Brücke*, hrsg. von Siegfried J. Schmidt, Frankfurt am Main 1993, S. 103-115.

156 Wittgenstein, *Tractatus logico-philosophicus*, 2.01.

157 Vgl. Gilles Deleuze, *Die Falte: Leibniz und der Barock*, Frankfurt am Main, 2000.

158 Siehe Jurij M. Lotman, *Die Innenwelt des Denkens: Eine semiotische Theorie der Kultur*, Frankfurt am Main 2010, S. 54.

159 So Friedrich Nietzsche, »Wahrheit und Lüge im außermoralischen Sinne«, in: ders., *Werke III*, hrsg. von Karl Schlechta, 6., durchges. Aufl., Frankfurt am Main 1969, S. 1017-1030, hier S. 1022.

160 Siehe Walter B. Cannon, »Organization for Physiological Homeostasis«, in: *Physiological Reviews* 9, Nr. 3 (1929), S. 399-431; ders., *The Wisdom of the Body*, erw. Aufl., New York 1963; Kunihiko Kaneko, »Chaos as a Source of Complexity and Diversity in Evolution«, in: *Artificial Life* 1 (1994), S. 163-177.

161 So Claude Bernard, *Leçons sur la chaleur animale, sur les effets de la chaleur et sur la fièvre*, Paris 1876, S. 6f.

162 So Eric M. Leifer, »Micromoment Management: Jumping at Chances for Status Gain«, in: *Soziale Systeme: Zeitschrift für soziologische Theorie* 8, Nr. 2 (2002), S. 165-177, hier S. 169; und ders., *Actors as Observers: A Theory of Skill in Social Relationships*, New York 1991, S. 47f.; ders. und Valli Rajah, »Getting Observations: Strategic Ambiguities in Social Interaction«, in: *Soziale Systeme: Zeitschrift für soziologische Theorie* 6, Nr. 2 (2000), S. 251-267.

163 Zum ›Paradigmawechsel‹ siehe Luhmann, *Soziale Systeme,* S. 15ff. Siehe kritisch bereits Etienne Bonno Abbé de Condillac, *Traité des systèmes* [1749], Paris 1991; Martin Heidegger, *Schelling: Vom Wesen der menschlichen Freiheit. Gesamtausgabe, II. Abteilung: Vorlesungen 1919-1944*, Bd. 42, Frankfurt am Main 1988, S. 33ff. Und vgl. Dirk Baecker, »System«, in: Christian Bermes und Ulrich Dierse (Hrsg.), *Archiv für Begriffsgeschichte*, SonderNr. 6: *Schlüsselbegriffe der Philosophie des 20. Jahrhunderts*, Hamburg 2010, S. 389-405 (wiederabgedruckt unter dem Titel »Zählen, Ordnen, Tauschen« in: ders., *Wozu Theorie?* S. 42-63).

164 So Robert Anderson, »Reduction of Variants as a Measure of Cultural Integration«, in: Gertrude E. Dole und Robert L. Carneiro (Hrsg.), *Essays in the Science of Culture in Honor of Leslie A. White*, New York 1960, S. 50-62; vgl. Niklas Luhmann, *Die Gesellschaft der Gesellschaft*, Frankfurt am Main 1997, S. 601ff.; ders., *Organisation und Entscheidung*, Opladen 2000, S. 99.

165 Harrison C. White, *Identity and Control: A Structural Theory of Action*, Princeton NJ 1992, S. 17-19 und 103ff.

166 Siehe Max Weber, »Die ›Objektivität‹ sozialwissenschaftlicher und sozialpolitischer Erkenntnis«, in: ders., *Gesammelte Aufsätze zur Wissenschaftslehre*, hrsg. von Johannes Winckelmann, Tübingen 1988, S. 146-214, S. 185ff.

167 Siehe Auguste Comte, *Die Soziologie: Die positive Philosophie im Auszug*, hrsg. von Friedrich Blaschke, Leipzig 1933, S. 80ff.; ders., *Leçons sur la sociologie: Cours de philosophie positive, Leçons 47 à 51*, hrsg. von Juliette Grange, Paris 1995, S. 95ff.

168 Siehe Theodor W. Adorno, »Über Statik und Dynamik als soziologische Kategorien«, in: ders., *Gesammelte Schriften 8: Soziologische Schriften 1*, Frankfurt am Main 1972, S. 217-237.

169 Siehe Talcott Parsons, »Some Problems of General Theory in Sociology«, in: ders., *Social Systems and the Evolution of Action Theory*, New York 1977, S. 229-269.

170 Siehe Niklas Luhmann, »Talcott Parsons – Zur Zukunft eines Theorieprogramms«, in: *Zeitschrift für Soziologie* 9, Nr. 1 (1980), S. 5-17, hier S. 14, Zitat S. 5. Siehe auch Wolfgang Schluchter (Hrsg.), *Verhalten, Handeln und System: Talcott Parsons' Beitrag zur Entwicklung der Sozialwissenschaften*, Frankfurt am Main 1980.

171 Siehe Niklas Luhmann, »›Distinctions directrices‹: Über Codierung von Semantiken und Systemen«, in: ders., *Soziologische Aufklärung 4: Beiträge zur funktionalen Differenzierung der Gesellschaft*, Opladen 1987, S. 13-31; und vgl. Stefan Hirschauer, »Un/doing differences: Die Kontingenz sozialer Zugehörigkeiten«, in: *Zeitschrift für Soziologie* 43, Nr. 3 (2014), S. 170-191; ders. (Hrsg.): *Un/doing Differences: Praktiken der Humandifferenzierung*, Weilerswist 2017; ders., »Menschen unterscheiden: Grundlinien einer Theorie der Humandifferenzierung«, in: *Zeitschrift für Soziologie* 50, Nr. 3-4 (2021), S. 155-174.

172 Siehe Andreas Folkers und Sven Opitz, »Symbiosozialität – Zwischen Leben und Gesellschaft«, in: *Zeitschrift für Theoretische Soziologie* 9, Nr. 2 (2020), S. 238-259; und vgl. Katharina Hoppe, »Autopoietische Systeme und sympoietische Gefüge: Niklas Luhmann meets Donna Haraway«, in: Nicole Burzan (Hrsg.), *Komplexe Dynamiken globaler und lokaler Entwicklungen: Verhandlungen des 39. Kongresses der Deutschen Gesellschaft für Soziologie in Göttingen 2018*, online: 2019.

173 Siehe auch Athanasios Karafillidis, *Soziale Formen: Fortführung eines soziologischen Programms*, Bielefeld 2010.

174 So Georg Simmel, *Soziologie: Untersuchungen über die Formen der Vergesellschaftung. Gesamtausgabe*, Bd. 11, Frankfurt am Main 1992, Zitat S. 18.

175 Siehe André Kieserling, »Simmels Sozialformenlehre: Probleme eines Theorieprogramms«, in: Hartmann Tyrell, Otthein Rammstedt und I. Meyer (Hrsg.), *Georg Simmels große ›Soziologie‹*, Bielefeld 2011, S. 181-206; ders., »Form(en)«, in: Hans-Peter Müller und Tilman Reiz (Hrsg.), *Simmel-Handbuch: Begriffe, Hauptwerke, Aktualität*, Berlin 2018, S. 193-196.

176 So Simmel, *Soziologie*, S. 784f.; ich danke Maren Lehmann für den Hinweis auf diese Stelle.

177 Siehe auch Steffen Mau, *Sortiermaschinen: Die Neuerfindung der Grenze im 21. Jahrhundert*, München 2021.

178 Siehe Marx, *Das Kapital*, S. 49ff.; und im Anschluss Thorstein Veblen, *The Theory of the Leisure Class: An Economic Study of Institutions*, New York 1912; Jean Baudrillard, *Pour une critique de l'économie politique du signe*, Paris 1972.

179 Siehe Claus-Artur Scheier, *Ästhetik der Simulation: Formen des Produktionsdenkens im 19. Jahrhundert*, Hamburg 2000. Und vgl. Luhmann, *Soziale Systeme*, S. 40.

180 Siehe auch Pierre Bourdieu, »Ökonomisches Kapital, kulturelles Kapital, soziales Kapital«, in: Reinhart Kreckel (Hrsg.), *Soziale Ungleichheit. Soziale Welt*, Sonderband 2, Göttingen 1983, S. 183-199; James Coleman, »Social Capital in the Creation of Human Capital«, in: *American Journal of Sociology* 94 (1988), S. S95-S120.

181 Durch Talcott Parsons, *Zur Theorie der sozialen Interaktionsmedien*, hrsg. von Stefan Jensen, Opladen 1980.

182 Siehe etwa Heinz D. Kittsteiner, *Mit Marx für Heidegger – mit Heidegger für Marx*, München 2004; ders., *Wir werden gelebt: Formprobleme der Moderne*, Hamburg 2006.

183 So Talcott Parsons, »Sozialstruktur und die symbolischen Tauschmedien«, in: ders., *Sozialstruktur und die symbolischen Tauschmedien*, S. 229-259, hier S. 246ff.

184 Siehe Niklas Luhmann, »Inklusion und Exklusion«, in: ders., Soziologische Aufklärung 6: Die Soziologie und der Mensch, Opladen 1995, S. 237-264; Rudolf Stichweh, *Inklusion und Exklusion: Studien zur Gesellschaftstheorie*, Bielefeld 2005; Cornelia Bohn, *Inklusion, Exklusion und die Person*, Konstanz 2006.

185 So Georg Simmel, *Philosophie des Geldes. Gesamtausgabe*, Bd. 6, Frankfurt am Main 1989, S. 714.

186 Siehe etwa Karl-Siegbert Rehberg, »Institutionen als symbolische Ordnungen«, in: ders., *Symbolische Ordnungen: Beiträge zu einer soziologischen Theorie der Institutionen*, hrsg. von Hans Vorländer, Baden-Baden 2014, S. 43-83; und Arnold Gehlen, »Philosophische Anthropologie: Zur Selbstbegegnung und Selbstentdeckung des Menschen«, in: ders., *Anthropologische und sozialpsychologische Untersuchungen*, Reinbek bei Hamburg 1986, S. 7-144, hier S. 69ff.

187 So Niklas Luhmann, »Institutionalisierung: Funktion und Mechanismus im sozialen System der Gesellschaft«, in: Helmut Schelsky (Hrsg.), *Zur Theorie der Institution*, Düsseldorf 1970, S. 27-41.

188 So etwa Jean Baudrillard, *Im Schatten der schweigenden Mehrheiten oder das Ende des Sozialen*, Berlin 2010; Bruno Latour, »Gabriel Tarde and the End of the Social«, in: Patrick Joyce (Hrsg.), *The Social in Question: New Bearings in History and the Social Sciences*, London 2001, S. 117-132.

[189] So Niklas Luhmann, *Einführung in die Systemtheorie*, hrsg. von Dirk Baecker, Heidelberg 2002, S. 92.

[190] Siehe Dirk Baecker, »Who Qualifies for Communication? A Systems Perspective on Human and Other Possibly Intelligent Beings Taking Part in the Next Society«, in: *Technikfolgenabschätzung: Theorie und Praxis* 20, Nr. 1 (2011), S. 17-26 (ungekürzt online: ssrn.com/abstract=1918343).

[191] Siehe Robert K. Merton, »Continuities in the Theory of Reference: Groups and Social Structure«, in: ders., *Social Theory and Social Structure*, 2. Aufl., New York 1968, S. 335-440.

[192] Siehe Elena Esposito, »Der Computer als Medium und Maschine«, in: *Zeitschrift für Soziologie* 22 (1993), S. 338-354; dies., *Artificial Communication: How Algorithms Produce Social Intelligence*, Cambridge MA 2022.

[193] Siehe zum Bedarf an einer semiotischen Definition von Handlungsfähigkeit auch Donna Haraway, »Situiertes Wissen: Die Wissenschaftsfrage im Feminismus und das Privileg einer partialen Perspektive«, in: dies., *Die Neuerfindung der Natur: Primaten, Cyborgs und Frauen*, Frankfurt am Main 1995, S. 73-97; und Bruno Latour, »On Actor-Network Theory: A Few Clarifications«, in: *Soziale Welt* 47, Nr. 4 (1996), S. 369-381.

[194] Siehe Elias Canetti, *Masse und Macht*, Düsseldorf 1960, S. 43ff.

[195] Siehe Vilfredo Pareto, *The Mind and Society*, 4 Bde., New York 1935, § 2079, S. 1442ff.

[196] So Anselm Haverkamp, *Latenz: Zur Genese des Ästhetischen als historische Kategorie*, Göttingen 2021, S. 78.

[197] Comte, *Die Soziologie*, S. 89f.; ders., *Leçons sur la sociologie*, S. 117f.

[198] Comte, *Die Soziologie*, S. 87; ders., *Leçons sur la sociologie*, S. 111.

[199] Siehe George Spencer-Brown, »An Introduction to Reductors«, Mimeograph 1992, S. 9

[200] *Laws of Form*, S. 50

[201] Siehe Pierre Bourdieu, *Die feinen Unterschiede: Kritik der gesellschaftlichen Urteilskraft*, Frankfurt am Main 1982, S. 164, 193f.; und John Levi Martin, »What Is Field Theory?« In: *American Journal of Sociology* 109, Nr. 1 (2003), S. 1-49.

202 Im Sinne von Luhmann, *Soziale Systeme*, S. 20ff.; ders., »Die Kontrolle von Intransparenz«.

203 Siehe Harrison C. White, »›Catnets‹ Forty Years Later«, in: *Sociologica* Nr. 1 (2008), doi: 10.2383/26575.

204 So White, *Identity and Control*, S. 17 und 62f.; sowie Harrison C. White, Jan Fuhse, Matthias Thiemann und Larissa Buchholz, »Networks and Meaning: Styles and Switchings«, in: *Soziale Systeme: Zeitschrift für soziologische Theorie* 13, Nr. 1-2 (2008), S. 543-555; und Maren Lehmann, »Brücken und Brüche im Netz der Systeme: Ein Versuch über White's ›Ties‹«, in: dies., *Theorie in Skizzen*, Berlin 2011, S. 72-97.

205 So in Luhmann *Einführung in die Systemtheorie*, S. 76.

206 Zum Beispiel Boris Henning, »Luhmann und die Formale Mathematik«, in: Peter Ulrich Merz-Benz und Gerhard Wagner (Hrsg.), *Die Logik der Systeme: Zur Kritik der systemtheoretischen Soziologie Niklas Luhmanns*, Konstanz 2000, S. 157-198. Siehe auch Niklas Luhmann »Warum AGIL?«, in: *Kölner Zeitschrift für Soziologie und Sozialpsychologie* 40, Nr. 1 (1988), S. 127-139; und ders., *Einführung in die Systemtheorie*, S. 18ff.

207 Im Sinne von Talcott Parsons, »A Paradigm of the Human Condition«.

208 So Harrison C. White, *Identity and Control: How Social Formations Emerge*, 2. Aufl., Princeton NJ 2008, S. 353; ebenso Thomas J. Fararo, »Review: Problems of Form«, in: *Contemporary Sociology* 30, Nr. 3 (2001), S. 306-307.

209 Siehe nicht zuletzt Niklas Luhmann, *Ökologische Kommunikation: Kann die moderne Gesellschaft sich auf ökologische Gefährdungen einstellen?*, Opladen 1986.

210 Siehe Johannes F. M. Schick, Mario Schmidt und Martin Zillinger, »Introduction: The Durkheim School's ›Category Project‹: A Collaborative Experiment Unfolds«, in: dies. (Hrsg.), *The Social Origins of Thought: Durkheim, Mauss, and the Category Project*, New York 2022, S. 1-27.

211 Siehe Émile Durkheim und Marcel Mauss, *De quelques formes primitives de classification: Contribution à l'étude des représentations collectives*, hrsg. von Jules Salomon, Éric Brian und Florence Weber,

Paris 2017; Émile Durkheim, *Les formes élémentaires de la vie religieuse: Le système totémique en Australie*, Paris 1960, S. 12ff. und 25ff.; Marcel Mauss, »Conceptions qui ont précédé la notion de matière«, in: ders., *Techniques, technologie et civilisation*, hrsg. von Nathan Schlanger, Paris 2012, S. 399-407.

212 Siehe Ingeborg Heidemann, »Die Kategorienlehre als systematische Topik«, in: Gerhard Funke (Hrsg.), *Akten des 4. Internationalen Kant-Kongresses, Mainz, 6. - 10. April 1974, Teil 3 Vorträge*, Berlin 1975, S. 55-66; Johannes Heinrichs, *Das Geheimnis der Kategorien: Die Entschlüsselung von Kants zentralem Lehrstück*, 2. Aufl., Berlin 2004; und bereits Hermann Cohen, *Kants Theorie der Erfahrung Werke* Bd. 1, Teil 1.1: Text der dritten Auflage, 5. Aufl., Hildesheim 1987, S. 333ff.

213 So Karl Mannheim, »Über die Eigenart kultursoziologischer Erkenntnis«, in: ders., *Strukturen des Denkens*, hrsg. von David Kettler, Volker Meja und Nico Stehr, Frankfurt am Main 1980, S. 33-154, S. 47f.

214 Siehe Immanuel Kant, *Kritik der praktischen Vernunft. Werke* VII, Frankfurt am Main 1968, A117.

215 Siehe Immanuel Kant, *Kritik der reinen Vernunft. Werke* III-IV, Frankfurt am Main 1968, B316ff.; und vgl. Heinrichs, *Das Geheimnis der Kategorien*, S. 13 und 101ff.

216 Siehe Salomon Maimon, *Versuch über Transzendentalphilosophie*, hrsg. von Florian Ehrensperger, Hamburg 2004, S. 25, und ebd., S. 159 und 193, die Bestimmung der Differentiale als Verhältnisse und der Verhältnisse als Funktionsverhältnisse.

217 Siehe Wilhelm Dilthey, *Der Aufbau der geschichtlichen Welt in den Geisteswissenschaften*, Frankfurt am Main 1990, S. 178f.

218 Ebd., S. 243.

219 So Nicholas J. Allen, *Categories and Classifications: Maussian Reflections on the Social*, Oxford 2000, S. 104.

220 So Tze-Wan Kwan, »The Doctrine of Categories and the Topology of Concern: Prolegomena to an Ontology of Culture«, in: Anna-Tereca Tymieniecka (Hrsg.), *The Logic of the Living Present: Experience, Ordering, Onto-Poiesis of Culture (Analecta Husserliana XLVI)*, Dordrecht 1995, S. 243-302.

221 Siehe Mannheim, »Über die Eigenart kultursoziologischer Erkenntnis«, S. 59ff.

222 Siehe Karl Mannheim, »Das Problem einer Soziologie des Wissens«, in: *Archiv für Sozialwissenschaft und Sozialpolitik* 53, Nr. 3 (1925), S. 577-652 (zit. nach dem Wiederabdruck in ders., Wissenssoziologie: Auswahl aus dem Werk, hrsg. von Kurt H. Wolff, 2. Aufl., Neuwied 1970, 308-387); vgl. Max Scheler, »Probleme einer Soziologie des Wissens«, in: ders. (Hrsg.), *Versuche zu einer Soziologie des Wissens*, München 1924, S. 1-146; und mit Verweis auf Victor von Weizsäcker zur ›konjunktiven Erfahrung‹: Karl Mannheim, »Eine soziologische Theorie der Kultur und ihrer Erkennbarkeit (Konjunktives und kommunikatives Denken)«, in: ders., *Strukturen des Denkens*, S. 155-322, hier S. 211ff. Und siehe zu Luhmanns Einwand gegenüber Parsons Dirk Baecker, »Kulturelle Orientierung«, in: Günter Burkart und Günter Runkel (Hrsg.), *Luhmann und die Kulturtheorie*, Frankfurt am Main 2004, S. 58-90.

223 Siehe Ann Swidler and Jorge Arditi, »The New Sociology of Knowledge«, in: *Annual Review of Sociology* 20 (1994), S. 305-329, mit weiteren Hinweisen; und jüngst Mau, *Sortiermaschinen*.

224 So kritisch Ernst Grünwald, *Das Problem der Soziologie des Wissens: Versuch einer kritischen Darstellung der wissenssoziologischen Theorien*, Nachdruck Hildesheim 1967.

225 Siehe Michel Foucault, *Überwachen und Strafen: Die Geburt des Gefängnisses*, Frankfurt am Main 1976, S. 39; und vgl. ders., *Die Archäologie des Wissens*, Frankfurt am Main 1997.

226 Siehe Niklas Luhmann, »Die Soziologie des Wissens: Probleme ihrer theoretischen Konstruktion«, in: ders., *Gesellschaftsstruktur und Semantik: Studien zur Wissenssoziologie der modernen Gesellschaft*, Bd. 4, Frankfurt am Main 1995, S. 151-180, insbes. S. 162ff.; und vgl. ders., »Die Behandlung von Irritationen: Abweichung oder Neuheit?«, ebd., S. 55-100.

227 So Luhmann, *Die Wissenschaft der Gesellschaft*, S. 163.

228 Im Sinne von Kurt Röttgers, »Macht«, in: Christian Bermes und Ulrich Dierse (Hrsg.), *Archiv für Begriffsgeschichte*, SonderNr. 6: Schlüsselbegriffe der Philosophie des 20. Jahrhunderts, Hamburg 2010, S. 221-233.

229 Siehe Humberto R. Maturana, »Autopoiesis«, in: Milan Zeleny (Hrsg.), *Autopoiesis: A Theory of Living Organizations*, New York 1981, S. 21-32, hier S. 24.

[230] So Luhmann, *Soziale Systeme*, S. 37; und ders., Die *Gesellschaft der Gesellschaft*, S. 597.

[231] So Francisco J. Varela, »Not One, Not Two«, in: *The CoEvolution Quarterly* 12 (1976), S. 62-67, hier S. 62.

[232] Siehe Parmenides, in: *Die Vorsokratiker I*, griech./dt., hrsg. von Jaap Mansfeld, Stuttgart 1999, S. 284ff.; und vgl. James Danaher, »The Laws of Thought«, in: *The Philosopher* LXXXXII, Nr. 1 (2004), S. 3-7.

[233] Spencer-Brown, *Laws of Form*, S. 6.

[234] Für diesen Hinweis danke ich Dirk Rustemeyer.

[235] Platon, *Phaidros. Sämtliche* Werke, übers. von Friedrich Schleiermacher, neu hrsg. von Ursula Wolf, Bd. 2, Reinbek bei Hamburg 1994, S. 103-184, hier 265e; ders., *Siebter Brief. Sämtliche Werke*, Bd. 3, S. 525-558, hier 343c; vgl. Klaus Oehler, »Der entmythologisierte Platon«, in: *Zeitschrift für philosophische Forschung* XIX (1965), S. 393-420; Karl-Heinz Ilting, »Platons ›Ungeschriebenen Lehren‹: Der Vortrag ›Über das Gute›«, in: *Phronesis* 13, Nr. 1 (1968), S. 1-31; Ernst Kleinert, »Platons ungeschriebene Lehre und die Mathematik von heute«, *Hamburger Beiträge zur Mathematik* 388 (2010).

[236] Siehe Martin Heidegger, *Parmenides. Gesamtausgabe, II. Abteilung: Vorlesungen 1923-1944*, Bd. 54, 2. Aufl., Frankfurt am Main 1992, insbes. S. 51ff.

[237] Siehe Charles S. Peirce, *Phänomen und Logik der Zeichen*, hrsg. von Helmut Pape, Frankfurt am Main 1983; und vgl. Klaus Oehler, *Charles Sanders Peirce*, München, 1993.

[238] So Charles S. Peirce, »On the Algebra of Logic: A Contribution to the Philosophy of Notation«, in: Charles Hartshorne und Paul Weiss (Hrsg.), *Collected Papers of Charles Sanders Peirce*, Bd. III, CP 3.359-3.403, Cambridge MA 1960, S. 210-249.

[239] Siehe Ernst Cassirer, *Philosophie der symbolischen Formen*, 3 Teile, Hamburg 2010, Bd. 3, S. 1; siehe auch Dirk Rustemeyer, *Ordnungen des Wirklichen: Weisen des Unterscheidens in Philosophie, Künsten und Wissenschaften*, Freiburg 2017.

[240] Kant, *Kritik der reinen Vernunft*, B378f.

[241] So Josef Simon, *Kant: Die fremde Vernunft und die Sprache der Philosophen*, Berlin 2003.

[242] Spencer-Brown, *Laws of Form*, S. 3.

243 Immanuel Kant, *Kritik der reinen Vernunft*, B865 und B860ff.; vgl. Simon, *Kant*, S. 562ff.

244 Siehe Kant, *Kritik der reinen Vernunft*, B860ff.

245 Vgl. Reinhard Brandt, »Einführung«, in: ders. (Hrsg.), *Die Macht des Vierten: Über eine Ordnung der europäischen Kultur*, Hamburg 2014, S. 13-60; Dirk Baecker, »Warum zählen wir so gerne bis drei?« In: Jürgen Kaube und Jörn Laakmann (Hrsg.), *Das Lexikon der offenen Fragen*, Stuttgart 2015, S. 169-170. Und zur Bedeutung des Dritten Thomas Bedorf, Joachim Fischer und Gesa Lindemann (Hrsg.), *Theorien des Dritten: Innovationen in Soziologie und Sozialphilosophie*, München 2010; Joachim Fischer, *Tertiarität: Studien zur Sozialontologie*, Weilerswist 2022.

246 So Günther, »Life as Poly-Contexturality«; vgl. Kurt Klagenfurt, *Technologische Zivilisation und transklassische Logik: Eine Einführung in die Technikphilosophie Gotthard Günthers*, Frankfurt am Main 1995, S. 100ff.

247 So Matthias Varga von Kibéd und Insa Sparrer, *Ganz im Gegenteil: Tetralemmaarbeit und andere Grundformen Systemischer Strukturaufstellungen – für Querdenker und solche, die es werden wollen*, 2., korr. Aufl., Heidelberg 2000, S. 77ff.

248 Heinz von Foerster, »Ethik und Kybernetik zweiter Ordnung«, in: ders., *KybernEthik*, Berlin 1993, S. 60-83.

249 Aristoteles, *Metaphysik*, 1003a.

250 Überlegungen dazu bei Martin Heidegger, *Aristoteles, Metaphysik Theta 1-3: Von Wesen und Wirklichkeit der Kraft. Freiburger Vorlesung Sommersemester 1931. Gesamtausgabe, II. Abteilung: Vorlesungen 1923-1944*, Band 33, Frankfurt am Main 1981.

251 Siehe Aristoteles, *Physik*, 188b; ders., *Metaphysik*, 1018a und 1032a ff. Und vgl. Martin Heidegger, »Vom Wesen und Begriff der physis, Aristoteles, Physik B, 1«, in: ders., *Wegmarken. Gesamtausgabe*, Abt. 1, Bd. 9, Frankfurt am Main 1976, S. 239-301, hier S. 294ff.; ders., *Aristoteles, Metaphysik Theta 1-3*, S. 209ff.

252 Siehe Gershom Scholem, »Schöpfung aus Nichts und Selbstverschränkung Gottes«, in: ders., *Über einige Grundbegriffe des Judentums*, Frankfurt am Main 1970, S. 53-89, hier S. 88f.

253 Siehe François Jullien, *Über die Wirksamkeit*, Berlin 1999.

254 Bateson, *Geist und Natur: Eine notwendige Einheit*, Frankfurt am Main 1982, S. 138.

255 Aristoteles, *Metaphysik*, 980a.

256 Siehe Gotthard Günther, *Grundzüge einer neuen Theorie des Denkens in Hegels Logik*, 2., unveränd., mit neuem Vorw. erw. Aufl., Hamburg 1978.

257 Siehe Gotthard Günther, »Die aristotelische Logik des Seins und die nicht-aristotelische Logik der Reflexion«, *Zeitschrift für philosophische Forschung* 12, Nr. 3 (1958), S. 360-407; ders., »Cybernetic Ontology and Transjunctional Operations«, in: ders., *Beiträge zur Grundlegung einer operationsfähigen Dialektik*, Bd. 1, Hamburg 1976, S. 249-328.

258 So Gilles Deleuze, *Logik des Sinns*, Frankfurt am Main 1993, S. 13ff.

259 So Klaus Heinrich, *tertium datur: Eine religionsphilosophische Einführung in die Logik*, Basel 1987, S. 9.

260 Siehe Gotthard Günther, »Die Entdeckung Amerikas: Ein geschichtsmetaphysisches Problem«, in: ders., *Die amerikanische Apokalypse*, aus dem Nachlass hrsg. und eingel. von Klaus Klagenfurt, München 2000, S. 5-161, hier S. 128ff. und 150ff.; und vgl. ders., *Das Bewußtsein der Maschinen: Eine Metaphysik der Kybernetik*, Krefeld 1963, S. 74ff., zu einem Bewusstsein aus den ›Lücken der Kausalität‹.

261 Siehe Martin Heidegger, »Die Frage nach der Technik«, in: ders., *Vorträge und Aufsätze*, Pfullingen 1954, S. 9-40, hier S. 37ff.

262 Im Sinne von Allen Newell und Herbert A. Simon, »Computer Science als Empirical Inquiry: Symbols and Search«, in: *Communications of the ACM* 19 (1976), S. 113-126.

263 Siehe Shannon und Weaver, *The Mathematical Theory of Communication*; und vgl. Donald M. MacKay, *Information, Mechanism and Meaning*, Cambridge MA 1969.

264 Im Sinne von Willard Van Orman Quine, »Epistemology Naturalized«, in: ders., *Ontological Relativity and Other Essays*, Cambridge MA 1969, S. 69-90.

265 Siehe mit der Forderung nach einer allgemeinen Promptologie Hannes Bajohr, »Dumme Bedeutung: Künstliche Intelligenz und artifizielle Semantik«, in: *Merkur* 76, Nr. 882 (2022), S. 69-79, hier S. 77f. Siehe

auch den Call zur Konferenz »Performing with AI Aesthetics: Promptology, Style, Acting, Norms, Noise & Modality Fusion« an der Universität von Lissabon im April 2023 mit immerhin 43 Anschlussfragen: philevents.org/event/show/108281.

266 Siehe meinen Versuch einer Erweiterung des technisch gegebenen zu einem sozial kontextuierten Auswahlbereich möglicher Nachrichten in Dirk Baecker, *Form und Formen der Kommunikation*, Frankfurt am Main 2005, S. 15ff.

267 Zum Register Brian Cantwell Smith, *On the Origin of Objects*, Cambridge MA 1996; zum Protokoll Alexander Galloway, *Protocol: How Control Exists After Decentralization*, Cambridge MA 2004; zur Kontrolle bereits Norbert Wiener, *Cybernetics, or Control and Communication in the Animal and the Machine*, 2. Aufl., Cambridge MA 1961.

268 Siehe Marshall McLuhan, *Die magischen Kanäle: Understanding Media*, Dresden 1994, S. 167ff.

269 Wittgenstein, *Philosophische Untersuchungen*, S. 481/Nr. 669.

270 Siehe zu Ordnen und Erwarten Luhmann, *Soziale Systeme*, S. 382ff.; und vgl. Dirk Baecker, »Zählen, Ordnen, Tauschen«, in: ders., *Wozu Theorie?* S. 42-63.

271 Siehe auch Jan-Hendrik Passoth und Josef Wehner, »Listen, Daten, Algorithmen: Ordnungsformen des Digitalen«, in: Thorben Mämecke, Jan-Hendrik Passoth und Josef Wehner (Hrsg.), *Bedeutende Daten: Modelle, Verfahren und Praxis der Vermessung und Verdatung im Netz*, Wiesbaden 2018, S. 51-68.

272 Spencer-Brown, *Laws of Form*, S. 10.

273 Siehe dazu Deleuze, *Differenz und Wiederholung*.

274 So Husserl, *Über den Begriff der Zahl*; dann kritisch Edmund Husserl, *Die Krisis der europäischen Wissenschaften und die transzendentale Phänomenologie: Eine Einleitung in die phänomenologische Philosophie*, 2. verb. Aufl., Hamburg 1982.

275 Siehe Alan Turing, »Über berechenbare Zahlen, mit einer Anwendung auf das Entscheidungsproblem«, in: ders., *Intelligence Service: Schriften*, hrsg. von Bernhard Dotzler und Friedrich Kittler, Berlin 1987, S. 17-60.

276 So für den Buddhismus Jullien, *Über die Wirksamkeit*, S. 152ff.; Möller *In der Mitte des Kreises*, S. 31ff. und 153ff.; Billeter, *Das Wirken in den Dingen*, S. 100.

277 So die »Einleitung« in Spencer-Brown, *Laws of Form: Gesetze der Form*, S. xvii.

278 Epikur, »Brief an Herodot«, in: ders., *Briefe, Sprüche, Werkfragmente*, griech./deutsch, übers. und hrsg. von Hans-Wolfgang Krautz, Ditzingen 1980, S. 4-41, hier S. 7/Satz 39.

279 Ebd., S. 27/Satz 67.

280 Vgl. Rotman, *Die Null und das Nichts*.

281 Spencer-Brown, *Laws of Form*, S. 6.

282 Luhmann, *Die Gesellschaft der Gesellschaft*, S. 101.

283 Siehe Humberto R. Maturana, »The Organization of the Living: A Theory of the Living Organization«, in: *The International Journal of Man-Machine Studies* 7 (1975), S. 313-332; ders., *Erkennen: Die Organisation und Verkörperung von Wirklichkeit: Ausgewählte Arbeiten zur biologischen Epistemologie*, Braunschweig 1982, S. 150f.

284 So Norbert Wiener, »Diskussion«, in: Claus Pias (Hrsg.), *Cybernetics – Kybernetik: The Macy-Conferences 1946-1953. Bd. 1: Transactions / Protokolle*, Zürich 2003, S. 158.

285 So Gregory Bateson, »Diskussion«, in: Pias, (Hrsg.), *Cybernetics – Kybernetik*, S. 172.

286 So Gregory Bateson, »Form, Substanz und Differenz«, in: ders., *Ökologie des Geistes: Anthropologische, psychologische, biologische und epistemologische Perspektiven*, Frankfurt am Main 1981, S. 572-597, hier S. 580.

287 Ebd., S. 582; und vgl. ders. *Geist und Natur*, S. 87f.

288 Siehe nur Heinz von Foerster, »Bemerkungen zu einer Epistemologie des Lebendigen«, in: ders., *Wissen und Gewissen: Versuch einer Brücke*, hrsg. von Siegfried J. Schmidt, Frankfurt am Main 1993, S. 116-133.

289 So John von Neumann, »Diskussion«, in: Pias, (Hrsg.), *Cybernetics – Kybernetik*, S. 177 und 181f.; ausführlich ders., *The Computer and the Brain*, New Haven, CN, 1958.

290 von Neumann, »Diskussion«, S. 182.

291 Warren McCulloch, »Diskussion«, in: Pias, (Hrsg.), *Cybernetics – Kybernetik*, S. 178.

292 So John Stroud, »Diskussion«, in: Pias, (Hrsg.), *Cybernetics – Kybernetik*, S. 182.

293 So Julian Bigelow, »Diskussion«, in: Pias, (Hrsg.), *Cybernetics – Kybernetik*, S. 187.

294 Ebd., S. 195.

295 Bateson, »Diskussion«, S. 181.

296 Siehe auch Phillip Guddemi, *Gregory Bateson on Relational Communication: From Octopuses to Nations*, Cham 2020.

297 So Ralph W. Gerard, »Some of the Problems Concerning Digital Notions in the Central Nervous System«, in: Pias (Hrsg.), *Cybernetics – Kybernetik*, S. 171-202 (mit Diskussion), hier S. 171f.; vgl. Claus Pias, »Analog, Digital, and the Cybernetic Illusion«, in: *Kybernetes* 34, Nr. 3/4 (2005), S. 543-550; und Jens Schröter und Alexander Böhnke (Hrsg.), *Analog/Digital – Opposition oder Kontinuum? Zur Theorie und Geschichte einer Unterscheidung*, Bielefeld 2004.

298 So Ruesch und Bateson, *Communication*, S. 170ff.; Watzlawick, Beavin und Jackson, *Menschliche Kommunikation*, S. 61ff.; Wilden, *System and Structure*, S. 161ff.; zur Negation als sprachlicher Leistung auch Kenneth Burke, »A Dramatistic View of the Origins of Language«, in: *The Quarterly Journal of Speech* 38, Nr. 3 (1952), S. 251-264, Nr. 4 (1952), S. 446-460, und 39, Nr. 1 (1953), S. 79-92.

299 Ruesch und Bateson, *Communication*, S. 171ff.; und zu ›envelope‹ Gerard, »Some of the Problems Concerning Digital Notions in the Central Nervous System«, S. 194.

300 Siehe John von Neumann, »Probabilistic Logics and the Synthesis of Reliable Organisms from Unreliable Components«, in: Claude E. Shannon und John McCarthy (Hrsg.), *Automata Studies*, Princeton NJ 1956, S. 43-98.

301 Siehe Kevin German, »A Laws of Form HTML, Image Generator and React Library«, online: lof-react.web.app.

302 So Friedrich Nietzsche, »Über Wahrheit und Lüge im außermoralischen Sinne«, in: ders., *Werke III*, hrsg. von Karl Schlechta, 6., durchges. Aufl., Berlin 1969, S. 309-322, S. 312.

303 Ebd., S. 317

304 Siehe Michael Hagner, *Homo cerebralis: Der Wandel vom Seelenorgan zum Gehirn*, Frankfurt am Main 2000.

305 Siehe Johannes Müller, *Handbuch der Physiologie des Menschen für Vorlesungen*, 2 Bde. in drei Teilen, Bd. 2, Coblenz 1840, S. 254.

306 Siehe auch Martin Heidegger, *Nietzsche*, 2 Bde., Stuttgart 1961.

307 Siehe zur Einführung Paul Watzlawick (Hrsg.), *Die erfundene Wirklichkeit: Wie wissen wir, was wir zu wissen glauben? Beiträge zum Konstruktivismus*, München 1981; ders. und Peter Krieg (Hrsg.), *Das Auge des Betrachters: Beiträge zum Konstruktivismus*, München 1991.

308 Heinz von Foerster, »Über das Konstruieren von Wirklichkeiten«, In: ders., *Wissen und Gewissen: Versuch einer Brücke*, hrsg. von Siegfried J. Schmidt, Frankfurt am Main 1993, S. 25-49; und vgl. Rafael Núñez et al., »What happened to cognitive science?« In: *Nature Human Behaviour* 3, Nr. 8 (2019), S. 782-791.

309 Siehe Francisco J. Varela, »Two Principles for Self-Organization«, in: Hans Ulrich und Gilbert J.B. Probst (Hrsg.), *Self-Organization and Management in Social Systems: Insights, Promises, Doubts, and Questions*, Berlin 1984, S. 25-32.

310 Siehe Humberto R. Maturana und Francisco J. Varela, *Autopoiesis and Cognition: The Realization of the Living*, Dordrecht 1980.

311 Siehe Luhmann, *Soziale Systeme*, S. 41ff. und 60ff.; ders., »Die Autopoiesis des Bewusstseins«, in: *Soziale Welt* 36, Nr. 4 (1985), S. 402-446.

312 So in Wittgenstein, *Philosophische Untersuchungen*, Nr. 7, 23, 31, 67, 71, 75 u.ö., Zitat Nr. 71 (S. 326).

313 So Wittgenstein, *Tractatus logico-philosophicus*, Satz 6 und zur Erläuterung 5.5ff.; vgl. Matthias Varga von Kibéd, »Wittgenstein und Spencer-Brown«, in: Paul Weingartner und Gerhard Schurz (Hrsg.), *Philosophie der Naturwissenschaften. Akten des 13. Internationalen Wittgenstein Symposiums*, Wien 1989, S. 402-406; ders., »Zur formalen Rekonstruktion der allgemeinen Wahrheitsfunktion in Wittgensteins *Tractatus*«, in: Rudolf Haller und Johannes Brandl (Hrsg.), *Wittgenstein – Eine Neubewertung: Akten des 14. Internationalen Wittgenstein-Symposiums zur Feier des 100. Geburtstages*, Band 3, Wien 1990, S. 28-34; Verena Mayer, »Die Rolle des N-Operators im

Tractatus«, in: Haller und Brandl (Hrsg.), *Wittgenstein*, S. 19-24; dies., »Der *Tractatus* als System«, in: Wilhelm Vossenkuhl (Hrsg.), *Ludwig Wittgenstein: Tractatus logico-philosophicus*, Berlin 2001, S. 11-33.

314 So bereits Charles Sanders Peirce, »A Boolean Algebra with One Constant«, in: ders., *Collected Papers of Charles Sanders Peirce*, hrsg. von Charles Hartshorne und Paul Weiss, Bd. 4: *The Simplest Mathematics*, Cambridge MA 1933, S. 13-18; Jean Nicod, »A Reduction in the Number of Primitive Propositions of Logic«, in: *Proceedings of the Cambridge Philosophical Society* 19 (1917–20), S. 32-41; Henry Maurice Sheffer, »A Set of Five Independent Postulates for Boolean Algebras, with Applications to Logical Constants«, in: *Transactions of the American Mathematical Society* 14 (1913), S. 481-488.

315 Siehe Wolfgang Iser, *Der Akt des Lesens: Theorie ästhetischer Wirkung*, München 1976, S. 267ff., 302ff. u.ö.; mit Verweis auf Roman Ingarden, *Das literarische Kunstwerk*, 2., verb. u. erw. Aufl., Tübingen 1960, S. 261ff.

316 Siehe, leicht variiert, Dirk Baecker, *Intelligenz, künstlich und komplex*, Leipzig 2019, S. 34 und 128; zur John-von-Neumann-Architektur des Computers Thomas Haigh, »Von-Neumann-Architektur, Speicherprogrammierung und modernes Code-Paradigma«, in: *Zeitschrift für Medienwissenschaft* 12, Nr. 1 (2015), S. 127-139 (ohne Schaubild); zum Bewusstsein Sigmund Freud, »Das Ich und das Es«, in: ders., *Das Ich und das Es: Metapsychologische Schriften*, Frankfurt am Main 2009, S. 251-295, hier S. 265; zum Organismus von Heinz von Foerster, »Gedanken und Bemerkungen über Kognition«, in: ders., *Wissen und Gewissen: Versuch einer Brücke*, hrsg. von Siegfried J. Schmidt, Frankfurt am Main 1993, S. 77-102, hier S. 89; Abbildungen ›Gesellschaft‹ und ›Gehirn‹ frei verfügbar aus dem Internet.

317 Siehe Gottfried Wilhelm Leibniz, *Die Grundlagen des logischen Kalküls*, lateinisch-deutsch, hrsg. von Franz Schupp, Hamburg 2000, S. 17ff.; vgl. Martin Davis, *Engines of Logic: Mathematicians and the Origin of the Computer*, London 2000, S. 3ff.

318 Zu Gödels Unbeweisbarkeitsbeweis Davis, *Engines of Logic*, S. 107ff.

319 So zum Sherlock Holmes/Moriarty-Paradox Oskar Morgenstern, »Vollkommene Voraussicht und wirtschaftliches Gleichgewicht«, in: *Zeitschrift für Nationalökonomie* 6 (1935), S. 337-357; zum Theorem der

doppelten Kontingenz Talcott Parsons et al., »Some Fundamental Categories of the Theory of Action: A General Statement«, in: ders. und Edward A. Shils (Hrsg.), *Toward a General Theory of Action*, Cambridge MA 1951, S. 3-29, S. 15f.; Luhmann, *Soziale Systeme*, S. 148ff.

320 Siehe nur Chris Frith, *Making Up the Mind: How the Brain Creates Our Mental Worlds*, London 2007; Dirk Baecker, *Neurosoziologie: Ein Versuch*, Berlin 2014; Jared Vasil et al., »A World unto Itself: Human Communication as Active Inference«, in: *Frontiers in Psychology* 11 (2020).

321 Siehe Urs Boschung, »Irritabilität, Reizbarkeit«, in: Werner E. Gerabek, Bernhard D. Haage, Gundolf Keil und Wolfgang Wegner (Hrsg.), *Enzyklopädie Medizingeschichte*, Berlin 2005, S. 681-682; vgl. Tobias Cheung, *Organismen: Agenten zwischen Innen- und Außenwelten 1780-1860*, Bielefeld 2014; und zur Reizabfuhr bzw. ›Reizflucht‹ Sigmund Freud, »Entwurf einer Psychologie«, in: ders., *Gesammelte Werke, Nachtragsband: Texte aus den Jahren 1885 bis 1938*, hrsg. von Angela Richards, Frankfurt am Main 1999, S. 387-477, hier S. 388ff.

322 Siehe Freud, »Das Ich und das Es«; Jacques Lacan, *Le Séminaire de Jacques Lacan*, hrsg. von Jacques-Alain Miller, Livre II: *Le moi dans la théorie de Freud et dans la technique de la psychoanalyse, 1954-1955*, Paris 1978. Siehe zu einer ›negativen Theorie des Menschen‹ bereits Max Scheler Max, *Die Stellung des Menschen im Kosmos*, 12. Aufl., Bonn 1991, S. 58ff.; und Jean-Paul Sartre, *Das Sein und das Nichts: Versuch einer phänomenologischen Ontologie*, Reinbek bei Hamburg, 1992, S. 79ff.

323 Siehe Brian Cantwell Smith, *The Promise of Artificial Intelligence: Reckoning and Judgment*, Cambridge MA 2019.

324 Siehe Brenda Laurel, *Computer as Theatre*, Reading MA 1991.

325 Siehe Bernard Robben, *Der Computer als Medium: Eine transdisziplinäre Theorie*, 2. Aufl., Bielefeld 2015.

326 So Axel Platz, »Horror Vacui? Die Leerstelle als Paradigma im User Interface Design«, in: Maximilian Eibl, Harald Reiterer, Peter Friedrich Stephan und Frank Thissen (Hrsg.), *Knowledge Media Design: Theorie, Methodik, Praxis*, 2. Aufl., München 2006, S. 237-244.

327 So Peter Wegner, »Why Interaction is More Powerful Than Algorithms«, in: *Communications of the ACM* 40, Nr. 5 (1997), S. 80-91;

Kasper Hornbæk und Antti Oulasvirta, »What Is Interaction?«, in: *Proceedings of the 2017 CHI Conference on Human Factors in Computing Systems*, New York 2017, S. 5040-5052.

328 So Robert G. Egglestone und Michael J. Young, »Work-Centered Support System Technology: A New Interface Client Technology for the Battlespace Infosphere«, in: *Proceedings of the Human Factors and Ergonomics Society Annual Meeting* 47, Nr. 3 (2003), S. 263-267.

329 So die Lehre aus der Gestaltung strategischer Verteidigungssysteme bei David Lorge Parnas, »Software Aspects of Strategic Defense Systems«, in: *Communications of the ACM* 28, Nr. 12 (1985), S. 1326-1335; ders., *Software Fundamentals: Collected Papers*, hrsg. von Daniel M. Hoffman und David M. Weiss, Boston MA 2001.

330 Siehe Amina Adadi und Mohammed Berrada, »Peeking Inside the Black-Box: A Survey on Explainable Artificial Intelligence«, in: *IEEE Explore* 6 (October 2018), S. 52138-52160; Arianna Pipitone und Antonio Chella, »What Robots Want? Hearing the Inner Voice of a Robot«, in: *iScience* 24, Nr. 102371 (2021).

331 Siehe die Diskussion bei Daniel C. Dennett, »Can Machines Think?« In: ders., *Brainchildren: Essays in Designing Minds*, Cambridge MA 1998, S. 3-20.

332 Siehe Susan Leigh Star, »The Structure of Ill-Structured Solutions: Boundary Objects and Heterogenous Distributed Problem Solving«, in: Les Gasser und Michael N. Huhns (Hrsg.), *Distributed Artificial Intelligence*, Bd. 2, London 1989, S. 37-54, S. 40f.; vgl. Werner Rammert, »Soziologische Zugänge zur künstlichen Intelligenz«, in: ders. (Hrsg.), *Soziologie und künstliche Intelligenz: Produkte und Probleme einer Hochtechnologie*, Frankfurt am Main 1995, S. 7-36, hier S. 19; Sebastian Gießmann, »Der Durkheim-Test: Anmerkungen zu Susan Leigh Stars Grenzobjekten«, in: *Berichte zur Wissenschaftsgeschichte* 38, 3 (2015)*: Special Issue: Begriffsbildung – Begriffsgeschichte: Entstehung und Entwicklung wissenschaftlicher Konzepte (Fortsetzung)*, S. 211-226.

333 So tendenziell Manfred Broy, »Cyber-Physical Systems: Wissenschaftliche Herausforderungen bei der Entwicklung«, in: ders. (Hrsg.), *Cyber-Physical Systems: Innovation durch Software-intensive eingebettete Systems*, Berlin 2010, S. 17-31, hier S. 17f.

334 Siehe Nicholas Negroponte, »Beyond Digital«, in: *Wired* 6, Nr. 12 (Dezember 1998).

335 Siehe John von Neumann, *Theory of Self-Reproducing Automata*, hrsg. von Arthur W. Burks, Urbana IL 1966, S. 71ff.; und vgl. Howard H. Pattee, »Dynamic and Linguistic Modes of Complex Systems«, in: *International Journal of General Systems* 3, Nr. 4 (1977), S. 259-266. Von einem Design von Computern, das sich daran orientiert, Zusammenbrüche vorwegnehmen zu können, sprechen auch Terry Winograd und Fernando Flores, *Erkenntnis Maschinen Verstehen: Zur Neugestaltung von Computersystemen*, Berlin 1989, S. 267ff.

336 Siehe Brian Cantwell Smith, »God, Approximately v4«, Ms., online 1998: www.eipiphiny.org/articles/smith-godapprox4.pdf.

337 Siehe Brian Cantwell Smith, *Age of Significance, Introduction*, Ms., online 2010: web.archive.org/web/20161019202810/ageofsignificance.org/aos/en/toc.html.

338 So Frieder Nake, »Das algorithmische Zeichen«, in: Kurt Bauknecht, Wilfried Brauer und Thomas A. Mück (Hrsg.), *Wirtschaft und Wissenschaft in der Network Economy: Visionen und Wirklichkeit.* Informatik 2001: Tagungsband der GI/OCG 2001, Bd. II, Wien 2001, S. 736-742; ders., »Surface, Interface, Subface: Three Cases of Interaction and One Concept«, in: Uwe Seifert, Jin Hyun Kim und Anthony Moore (Hrsg.): *Paradoxes of Interactivity*, Bielefeld 2008, S. 92-109; und vgl. Peter Brödner, »Das Produktivitätsparadoxon der Computertechnik«, in: Heinz-J. Bontrup und Jürgen Daub (Hrsg.), *Digitalisierung und Technik – Fortschritt oder Fluch? Perspektiven der Produktivkraftentwicklung im modernen Kapitalismus*, Köln 2021, S. 114-144; und grundsätzlicher ders., *Der überlistete Odysseus: Über das zerrüttete Verhältnis von Menschen und Maschinen*, Berlin 1997.

339 So Paul Dourish, »Algorithms and their Others: Algorithmic Culture in Context«, in: *Big Data & Society* 3, Nr. 2 (2016), S. 1-11; Robert Seyfert und Jonathan Roberge (Hrsg.), *Algorithmuskulturen: Über die rechnerische Konstruktion der Wirklichkeit*, Bielefeld 2017; Elena Esposito, »Artificial Communication? The Production of Contingency by Algorithms«, in: *Zeitschrift für Soziologie* 46, Nr. 4 (2017), S. 240-256.

340 Siehe Elena Esposito, »Ein zweiwertiger nicht-selbständiger Kalkül«, in: Dirk Baecker (Hrsg.), *Kalkül der Form*, Frankfurt am Main 1993, S. 96-111, hier S. 108.

341 Siehe Dirk Baecker, »Die Theorieform des Systems«, in: ders., *Wozu Systeme?* Berlin 2002, S. 83-110.

342 So Coy, »Auf dem Weg zum ›finalen Interface‹«, S. 314.

343 Spencer-Brown, *Laws of Form*, S. 13

344 Ebd., S. 10

345 So Theodor W. Adorno, *Negative Dialektik. Gesammelte Schriften*, Bd. 6, Frankfurt am Main 1973, S. 7-409, S. 31.

346 Luhmann, *Soziale Systeme*, S. 97

347 Siehe Whitehead, *Process and Reality*, S. 149ff. Und vgl. zu einem prozessualisierten Formverständnis in der Kunst Markus Klammer, Malika Maskarinec, Rahel Villinger und Ralph Ubl, »Formbildung und Formbegriff: Zur Einleitung«, in: dies. (Hrsg.), *Formbildung und Formbegriff: Das Formdenken der Moderne*, Paderborn 2019, S. 9-31.

348 So in der Tendenz bei Simmel, *Soziologie*, S. 20ff.; Max Weber, *Wirtschaft und Gesellschaft: Grundriß der verstehenden Soziologie*, 5., rev. Aufl., Tübingen 1990, S. 12ff.; Talcott Parsons, *Das System moderner Gesellschaften*, 6. Aufl., Weinheim 2003, S. 12ff.; und vgl. Hartmann Tyrell, »Max Webers Soziologie – eine Soziologie ohne ›Gesellschaft‹«, in: Gerhard Wagner und Heinz Zipprian (Hrsg.), *Max Webers Wissenschaftslehre*, Frankfurt am Main 1994, S. 390-414.

349 Im Sinne von Bronisław Malinowski, *Eine wissenschaftliche Theorie der Kultur und andere Aufsätze*, Frankfurt am Main 2005.

350 Siehe zu *self-identity* und *self-diversity* Whitehead, *Process and Reality*, S. 25.

351 Siehe Luhmann, *Die Gesellschaft der Gesellschaft*, S. 411f.; und vgl. McLuhan, *Die magischen Kanäle*; sowie Dirk Baecker, *4.0 oder die Lücke die der Rechner lässt*, Leipzig 2017.

352 Comte, *Die Soziologie*, S. 90.

353 Ebd., S. 89

354 So Dumont, *Individualismus*, S. 238ff.

355 Whitehead, *Process and Reality*, S. 19; und ders., *Science and the Modern World*, New York 1967, S. 50ff.

356 Luhmann, *Die Gesellschaft der Gesellschaft*, S. 91; und vgl. Peter Fuchs, *Die Erreichbarkeit der Gesellschaft: Zur Konstitution und Imagination gesellschaftlicher Einheit*, Frankfurt am Main 1992; und Oliver

Marchart, *Das unmögliche Objekt: Eine postfundamentalistische Theorie der Gesellschaft*, Berlin 2013.

357 Siehe Georges Bataille, »Der verfemte Teil«, in: ders., *Die Aufhebung der Ökonomie*, München 1975, S. 33-234.

358 So Niklas Luhmann, »Sinn als Grundbegriff der Soziologie« in: Jürgen Habermas und Niklas Luhmann, *Theorie der Gesellschaft oder Sozialtechnologie: Was leistet die Systemforschung?* Frankfurt am Main 1971, S. 25-100.

359 Siehe Jorge Fontdevila, M. Pilar Opazo und Harrison C. White, »Order at the Edge of Chaos: Meaning from Network Switchings Across Functional Systems«, in: *Sociological Theory* 29, Nr. 3 (2011), S. 178-198.

360 So Urs Stäheli, *Sinnzusammenbrüche*, S. 184ff.

361 Luhmann, *Die Gesellschaft der Gesellschaft*, S. 90f.

362 Siehe White, *Identity and Control*, S. 16f.; vgl. Lehmann, »Brücken und Brüche im Netz der Systeme«.

363 Siehe Heider, *Ding und Medium*.

364 Luhmann, *Die Gesellschaft der Gesellschaft*, S. 195.

365 Siehe oben mit Verweis auf Lehmann, »Eine schicksalhafte Verbindung«, S. 88.

366 Luhmann, *Soziale Systeme*, S. 394; und vgl. Niklas Luhmann, »Über Natur«, in: ders., *Gesellschaftsstruktur und Semantik: Studien zur Wissenssoziologie der modernen Gesellschaft*, Bd. 4, Frankfurt am Main 1995, S. 9-30.

367 In Claus-Artur Scheier, *Luhmanns Schatten: Zur Funktion der Philosophie in einer medialen Moderne*, Hamburg 2016, S. 53.

368 Luhmann, *Soziale Systeme*, S. 83ff.

369 Ebd., S. 88

370 Freud, »Das Ich und das Es«; Lacan, *Le Séminaire de Jacques Lacan.*

371 Siehe Edmund Husserl, *Ideen zu einer reinen Phänomenologie und phänomenologischen Philosophie. Erstes Buch: Allgemeine Einführung in die Phänomenologie*, Den Haag 1950, S. 69ff.; ders. *Formale und transzendentale Logik: Versuch einer Kritik der logischen Vernunft*, Halle (Saale) 1929, S. 179ff.

372 So ebd., *Formale und transzendentale Logik*, S. 68ff.

373 Im Sinne von William James, »Does ›Consciousness‹ Exist?« In: ders., *Essays in Radical Empiricism*, 2. Aufl., New York 1922, S. 1-38.

374 So Ulrich Blau, *Raum, Zeit und Bewusstsein: Eine kurze Einführung in den uralten Rückstand der Physik*, Heidelberg 2020, S. 3.

375 Siehe Kasimir Malevich, *Die gegenstandslose Welt*, München 1927, S. 66 und 74.

376 Siehe El Lissitzky, »K. und Pangeometrie«, in: ders, *Rußland: Architektur für eine Weltrevolution*, Braunschweig 1965, S. 122-129; und John Cage, *Silence*, Frankfurt am Main 1987.

377 Siehe dazu Übungen in Dirk Rustemeyer, *Poetik der Reflexion: Heidegger im Lichte der frühromantischen Philosophie*, Baden-Baden 2022.

378 Exemplarisch: Cassirer, *Philosophie der symbolischen Formen*; Lazar Gulkowitsch, »Zur Grundlegung einer begriffsgeschichtlichen Methode in der Sprachwissenschaft«, in: *Acta et commentationes universitatis Dorpatensis*. Series B: Humaniora 41, Nr. 1, Tartu 1938; Kenneth Burke, *A Grammar of Motives*, Reprint Berkeley CA, 1969; Susanne K. Langer, *Philosophy in a new Key: A Study in the Symbolism of Reason, Rite, and Art*, Cambridge MA 1942; Reinhart Koselleck, »Begriffsgeschichte und Sozialgeschichte«, in: Peter Christian Ludz (Hrsg.), *Soziologie und Sozialgeschichte: Aspekte und Probleme*, Opladen 1972, S. 116-131; Michel Foucault, *Archäologie des Wissens*, Frankfurt am Main 1997; Niklas Luhmann, »Gesellschaftliche Struktur und semantische Tradition«, in: ders., *Gesellschaftsstruktur und Semantik: Studien zur Wissenssoziologie der modernen Gesellschaft*, Bd. 1, Frankfurt am Main 1980, S. 9-71; Hans Blumenberg, »Ausblick auf eine Theorie der Unbegrifflichkeit«, in: ders., *Schiffbruch mit Zuschauer*, 3. Aufl., Frankfurt am Main 1988, S. 75-93.

379 Siehe Walter Benjamin, »Paris, die Hauptstadt des XIX. Jahrhunderts«, in: ders., *Illuminationen: Ausgewählte Schriften*, Frankfurt am Main 1961, S. 185-200; siehe auch Henri Lefebvre, *Kritik des Alltagslebens*, Kronberg/Ts. 1977; Roland Barthes, *Mythen des Alltags*, Frankfurt am Main 2010.

380 So Alexander Kluge und Joseph Vogl, »Begriffskatastrophen: Wirklichkeitszerfall im April 2020«, in: *soziopolis: Gesellschaft beobachten*, 16.

Juli 2020, online: www.soziopolis.de/beobachten/gesellschaft/artikel/begriffskatastrophen/; Gertrude Stein, *How to Write*, New York 1975.

381 Siehe Sybille Krämer, »Operative Bildlichkeit: Von der ›Grammatologie‹ zu einer ›Diagrammatologie‹? Reflexionen über erkennendes Sehen«, in: Martina Heßler und Dieter Mersch (Hrsg.), *Logik des Bildlichen: Zur Kritik der ikonischen Vernunft,* Bielefeld 2009, S. 94-122; vgl. Maren Lehmann, »Die Diagrammatik der Form«, in: Klaus Bernsau, Thomas Friedrich und Klaus Schwarzfischer (Hrsg.), *Management als Design? Design als Management? Intra-, inter- und transdisziplinäre Perspektiven auf die Gestaltung von ökonomischer, ästhetischer und moralischer Lebenswelt*, Regensburg 2012, S. 127-159; Dirk Rustemeyer, *Diagramme. Dissonante Resonanzen: Kunstsemiotik als Kulturtheorie*, Weilerswist 2009.

382 Siehe Manfred Sommer, *Blatt, Stift und Kant: Philosophie des Graphismus*, Berlin 2020; und vgl. Petra Gehring, Christian Grüny und Helge Schalk (Hrsg.), *Phänomenologie des Graphismus und Bildschriftlichkeit. journal phänomenologie* 58, Wien 2023.

383 Siehe beispielhaft Christopher Alexander, *The Nature of Order: An Essay on the Art of Building and the Nature of Universe, Book One: The Phenomenon of Life*, Berkeley CA 2001.

384 Wiederum beispielhaft Jean-Luc Godard, *Einführung in eine wahre Geschichte des Kinos*, Frankfurt am Main 1984; Alexander Kluge und Museum Folkwang, *Pluriversum: Katalog zur Ausstellung in Essen und Wien 2017/18*, Leipzig 2017; und vgl. Georg Stanitzek, »Massenmedium Kluge«, in: Christian Schulte (Hrsg.), *Die Schrift an der Wand: Alexander Kluge – Rohstoffe und Materialien*, Osnabrück 2000, S. 241-251.

385 Für die Soziologie: Michael Guggenheim, »The Media of Sociology: Tight or Loose Translations?« In: *British Journal of Sociology* 66, Nr. 2 (2015), S. 345-372.

386 McLuhan, *Die magischen Kanäle*, S. 14.

387 Siehe Husserl, *Ideen zu einer reinen Phänomenologie und phänomenologischen Philosophie*, S. 65ff.; ders., »Nachwort zu meinen ›Ideen zu einer reinen Phänomenologie und phänomenologischen Philosophie‹«, in: *Jahrbuch für Philosophie und phänomenologische Forschung* 11 (1930), S. 549-570

388 Siehe Jacques Derrida, *Die Stimme und das Phänomen: Einführung in das Problem des Zeichens in der Phänomenologie Husserls*, Frankfurt am Main 2003; Hans Blumenberg, *Zu den Sachen und zurück*, aus dem Nachlass hrsg. von Manfred Sommer, Frankfurt am Main 2002.

389 Siehe Maurice Merleau-Ponty, *Die Struktur des Verhaltens*, Berlin 1976, S. 240.

390 So Maurice Merleau-Ponty, *Le Visible et l'Invisible*, Paris 1964, S. 18.

391 So George Herbert Mead, *Geist, Identität und Gesellschaft aus der Sicht des Sozialbehaviorismus*, Frankfurt am Main 1973, S. 81ff.; und Wilhelm Wundt, *Völkerpsychologie: Eine Untersuchung der Entwicklungsgesetze von Sprache, Mythus und Sitte*, Erster Band: Die Sprache, Erster Theil, Leipzig 1900, S. 131ff. und 187ff., Zitat S. 238.

392 Siehe Jakob von Uexküll, *Theoretische Biologie*, 2. Aufl., Frankfurt am Main 1973, S. 150ff.

393 Siehe Bernard, *Leçons sur la chaleur animale*; Cannon, »Organization for Physiological Homeostasis«; Hermann Schmidt, »Beginn und Aufstieg der Kybernetik«, in: VDI-Zeitschrift 106, Nr. 17 (1964), S. 749-753 (Zitat S. 749). Und vgl. Leo Spitzer, »Milieu and Ambiance«, in: ders., *Essays in Historical Semantics*, New York 1948, S. 179-316.

394 So Joachim Fischer, *Philosophische Anthropologie: Eine Denkrichtung des 20. Jahrhunderts*, Freiburg 2008, S. 515.

395 So Max Scheler, *Die Stellung des Menschen im Kosmos*, 12. Aufl., Bonn 1991, S. 89.

396 Ebd., S. 58ff.

397 Siehe Jean-Paul Sartre, *Das Sein und das Nichts: Versuch einer phänomenologischen Ontologie*, Reinbek b. Hamburg 1991, S. 82.

398 Scheler, *Die Stellung des Menschen im Kosmos*, S. 45.

399 Ebd.

400 Ebd., S. 40.

401 In Georg Simmel, *Lebensanschauung: Vier metaphysische Kapitel. Gesamtausgabe*, Bd. 16, Frankfurt am Main 1999, S. 209-425, hier S. 212f. Und siehe Blaise Pascal, »De la place de l'homme dans la nature: les deux infinis«, in: ders., *Pensées*, hrsg. von Jacques Chevalier, Paris 1954, S. 1105-1113.

402 Simmel, *Lebensanschauung*, S. 222.

403 Ebd., S. 225.

404 Ebd., S. 224.

405 Siehe Helmuth Plessner, *Die Stufen des Organischen und der Mensch: Einleitung in die philosophische Anthropologie. Gesammelte Schriften IV*, Frankfurt am Main 1981, S. 138ff.

406 Siehe ebd., S. 155.

407 Ebd., S. 181.

408 Ebd., S. 216.

409 Ebd., S. 360ff.

410 Siehe René Descartes, *Meditationes de Prima Philosophia: Meditationen über die Erste Philosophie*, Stuttgart 1986, II.10.

411 So Wolfgang Eßbach, »Der Mittelpunkt außerhalb: Helmuth Plessners philosophische Anthropologie«, in: ders., *Die Gesellschaft der Dinge, Menschen, Götter*, Wiesbaden 2011, S. 25-50; vgl. Joachim Fischer, »Exzentrische Positionalität: Plessners Grundkategorie der Philosophischen Anthropologie«, in: *Deutsche Zeitschrift für Philosophie* 48 (2000), S. 265-288; Ernst Kleinert, »Über Innen und Außen: philosophisch-mathematische Streifzüge«, *Hamburger Beiträge zur Mathematik* 378 (2010), S. 21f.

412 Plessner, *Die Stufen des Organischen und der Mensch*, S. 364.

413 Ebd., S. 366.

414 Siehe Arnold Gehlen, »Sozialpsychologie: Sozialpsychologische Probleme in der industriellen Gesellschaft«, in: ders., *Anthropologische und sozialpsychologische Untersuchungen*, S. 145-266, hier S. 149.

415 Plessner, *Die Stufen des Organischen und der Mensch*, S. 383ff.

416 So Anatol Rapoport, »What Is Semantics?« In: *American Scientist* 40, Nr. 1 (1952), S. 123-135, unter Verweis auf Alfred Korzybski, *Manhood of Humanity: The Science and Art of Human Engineering*, New York 1921, S. 67 u.ö. [man beachte den Hinweis im Untertitel, warum der ungegenderte Obertitel vermutlich mehr als gerechtfertigt war]; und siehe Martin Heidegger, *Sein und Zeit*, 12. Aufl., Tübingen 1972.

417 Siehe Martin Heidegger, *Die Technik und die Kehre*, 7. Aufl., Pfullingen 1988; Dirk Baecker »Kalkül des Seins«, In: Johannes Weiß und Gallina Tasheva (Hrsg.), *Existenzialanalytik und Soziologie*, Tübingen, i.Vorb.

[418] Siehe nur Donna Haraway, D*ie Neuerfindung der Natur: Primaten, Cyborgs und Frauen*, Frankfurt am Main 1995.

[419] Siehe Aristoteles, *Die Kategorien*, griech./deutsch, Stuttgart 1999, Kap. 2-3; und vgl. erneut Heidegger, *Phänomenologische Interpretationen zu Aristoteles*, S. 39ff.

[420] Aristoteles, *Die Kategorien*, Kap. 6, 9 und 12-14.

[421] Kant, *Kritik der reinen Vernunft*, B95.

[422] Whitehead, *Process and Reality*, S. 20f.

[423] So Charles Sanders Peirce, »On a New List of Categories», in: *Proceedings of the American Academy of Arts and Sciences* 7 (1868), S. 287-298.

[424] Kant, *Kritik der reinen Vernunft*, B97f.

[425] Siehe Georg Wilhelm Friedrich Hegel, *Phänomenologie des Geistes. Werke* Bd. 3, Frankfurt am Main 1973, S. 35; vgl. Josef Simon, »Die Kategorien im ›gewöhnlichen‹ und im ›spekulativen‹ Satz«, in: *Wiener Jahrbuch für Philosophie* 3 (1970), S. 9-37.

[426] So Ivan Boldyrev, *Die Ohnmacht des Spekulativen: Elemente einer Poetik von Hegels ›Phänomenologie des Geistes‹*, Paderborn 2021, S. 3.

[427] So Georg Wilhelm Friedrich Hegel, *Enzyklopädie der philosophischen Wissenschaften im Grundrisse*, Hamburg 1975, §62.

[428] So Whitehead, *Process and Reality*, S. 28.

[429] Siehe Lawvere/Schanuel, *Conceptual Mathematics*; vgl. Ernst Kleinert, »Vom Vorrang der Morphismen über die Objekte«, in: ders., *Beiträge zu einer Philosophie der Mathematik*, Leipzig 2002, S. 68-86; ders., »Categories in Philosophy and Mathematics«, *Hamburger Beiträge zur Mathematik* 199 (September 2004).

[430] So Theodor W. Adorno, »Skoteinos oder Wie zu lesen sei«, in: ders., *Zur Metakritik der Erkenntnistheorie: Drei Studien zu Hegel*, Frankfurt am Main 2003, S. 326-375, S. 335.

[431] Siehe Chong-Fuk Lau, »Urteilsformen und Kategorienlehre: Die Aristotelisch-Kantische und die Hegelsche Konzeption«, in: Andreas Arndt, Christian Iber und Günter Kruck (Hrsg.), *Hegels Lehre vom Begriff, Urteil und Schluss (Hegel-Forschungen)*, Berlin 2006, S. 80-99.

[432] Warren Weaver, »Science and Complexity«, in: *American Scientist* 26, Nr. 4 (1948), S. 536-544; Heinz von Foerster, »Über selbstorganisierende Systeme und ihre Umwelten«, in: ders., *Wissen und Gewissen: Versuch einer Brücke,* hrsg. von Siegfried J. Schmidt, Frankfurt am Main, 1993, S. 211-232; Luhmann, »Haltlose Komplexität«; Edgar Morin, *On Complexity*, Cresskill NJ 2008; Paul Cilliers, *Complexity and Postmodernism: Understanding Complex Systems*, London 1998.

[433] So Ranulph Glanville, »Inside Every White Box There Are Two Black Boxes Trying To Get Out«, in: *Behavioral Science* 27, Nr. 1 (1982), S. 1-11 (wiederabgedruckt in ders., *Black B x, Bd. 1: Cybernetic Circles*, Wien 2012, S. 439-453).

[434] Siehe Niklas Luhmann, »Das Risiko der Kausalität«, in: ders., *Die Kontrolle von Intransparenz*, S. 46-64.

[435] So Pascal, »De la place de l'homme dans la nature: les deux infinis«, S. 1109.

[436] Siehe Gottfried Wilhelm Leibniz, »Double infinité chez Pascal et Monade«, in: ders., *Textes inédits d'après les manuscrits de la Bibliothèque de Hanovre*, hrsg. von Gaston Grua, Bd. 2, Paris 1948, S. 553-555.

[437] Siehe Dirk Baecker, »Listening to Media in Cultural Theory, Sociology and Management«, in: *Cybernetics & Human Knowing* 25, Nr. 4 (2018), S. 25-40.

[438] Siehe Ranulph Glanville, »A (Cybernetic) Musing: Wholes and Parts, Chapter 1«, in: *Cybernetics & Human Knowing* 22, Nr. 1 (2015), S. 81-92.

[439] Siehe zum ›Basteln‹ Claude Lévi-Strauss, *Das wilde Denken*, Frankfurt am Main 1968, S. 29ff.; und vgl. Karin Knorr-Cetina, *Die Fabrikation von Erkenntnis: Zur Anthropologie der Naturwissenschaft*, Frankfurt am Main 1984; Hans-Jörg Rheinberger, *Experiment, Differenz, Schrift: Zur Geschichte epistemischer Dinge*, Marburg/Lahn 1992; ders., *Iterationen*, Berlin 2005.

[440] Siehe Niklas Luhmann, »Europäische Rationalität«, in: ders., *Beobachtungen der Moderne*, Opladen 1992, S. 51-91; und Jacques Derrida, *L'autre cap*, Paris 1991.

[441] Siehe W. Ross Ashby, »Requisite Variety and Its Implications for the Control of Complex Systems«, in: *Cybernetica* 1, Nr. 2 (1958), S. 83-99.

442 Spencer-Brown, *Laws of Form*, Kap 11; und vgl. Luhmann, »Die Kontrolle von Intransparenz«.

443 Siehe Kauffman, »Self-Reference and Recursive Forms«.

444 Siehe Gotthard Günther, »Logik, Zeit, Emanation und Evolution«, in: ders., *Beiträge zur Grundlegung einer operationsfähigen Dialektik*, Bd. 3, Hamburg 1980, S. 95-135. Siehe auch Dirk Baecker, »Kenogramme der medialen Moderne«, in: *Zeitschrift für Kulturphilosophie* 17, Nr. 2 (2023), S. 145-161.

445 Wittgenstein, »Appendix I: Die Bipolarität von Sätzen. Sinn und Bedeutung. Wahrheit und Falschheit«, in: ders., *Tagebücher 1914-1918*, S. 188ff.

446 Siehe Gottlieb Frege, »Sinn und Bedeutung«, in: ders., *Funktion – Begriff – Bedeutung*, hrsg. von Mark Textor, 2. durchges. Aufl., Göttingen 2007, S. 23-46.

447 So wieder Wittgenstein, *Tagebücher 1914–1918*, S. 188.

448 So Gotthard Günther, »Cybernetic Ontology and Transjunctional Operations«, in: ders., *Beiträge zur Grundlegung einer operationsfähigen Dialektik*, Bd. 1, Hamburg 1976, S. 249-328.

449 Siehe dazu die Anforderungen in Heinz von Foerster, »Computing in the Semantic Domain«, in: *Annals of the New York Academy of Sciences* 184 (1971), S. 239-241.

450 Siehe wie oben Watzlawick/Beavin/Jackson, *Menschliche Kommunikation*, S. 43f.

451 Siehe exemplarisch Fritz B. Simon und Christel Rech-Simon, *Zirkuläres Fragen: Systemische Therapie in Fallbeispielen – Ein Lesebuch*, Heidelberg 1999.

452 Siehe Samuel R. Delany, *Babel-17*, New York 1966; und dazu Dietmar Dath, »Was kann KI, was wir nicht können?«, in: *Frankfurter Allgemeine Zeitung* vom 10. Dezember 2023.

453 Siehe zu Theorie, Methode und Beispielen Dirk Baecker, *Form und Formen der Kommunikation*, Frankfurt am Main 2005; ders., »The Network Synthesis of Social Action, Part I: Towards a Sociological Theory of Next Society«, und »Part II: Understanding Catjects«, in: *Cybernetics and Human Knowing* 14, Nr. 4 (2007), S. 9-42, und 15, Nr. 1 (2008), S. 45-65; ders., »The Hitler Swarm«, in: *Thesis Eleven:*

Critical Theory and Historical Sociology 117, Nr. 1 (2013), S. 68-88; ders., *Beobachter unter sich: Eine Kulturtheorie*, Berlin 2013; ders., *Kulturkalkül*, Berlin 2014; ders., *Produktkalkül*, Berlin 2017; Louis Klein, *Corporate Consulting: Eine systemische Evaluation interner Beratung*, Heidelberg 2002; Athanasios Karafillidis, *Soziale Formen*; Maren Lehmann, *Mit Individualität rechnen: Karriere als Organisationsproblem*, Weilerswist 2011; Florian Grote, *Locating Publics: Forms of Social Order in an Electronic Music Scene*, Wiesbaden 2014.

454 Siehe Varga von Kibéd/Sparrer, *Ganz im Gegenteil*; und vgl. Dirk Baecker, »Therapie für Erwachsene: Zur Dramaturgie der Strukturaufstellung«, in: Torsten Groth und Gerhard Stey (Hrsg.), *Potenziale der Organisationsaufstellung: Innovative Ideen und Anwendungsbereiche*, Heidelberg 2007, S. 14-31.

455 Vgl. Tore Bakken und Tor Hernes, »Organizing is Both a Verb and a Noun: Weick meets Whitehead«, in: *Organization Studies* 27 (2006), S. 1599-1616; Tore Bakken, »George Spencer-Brown«, in: Jenny Helin, Tor Hernes, Daniel Hjorth und Robin Holt (Hrsg.), *The Oxford Handbook of Process Philosophy and Organization Studies*, Oxford 2014, S. 481-498; angeregt durch Philip G. Herbst, »Foundations for Behavior Logic«, in: *Social Science Information* 14 (1975), S. 81-100; ders., *Alternatives to Hierarchies*, Leiden 1976, S. 85ff.; Karl E. Weick, *The Social Psychology of Organizing*, 2. Aufl., Reading MA 1979 (dt. 1985).

456 *Laws of Form: Gesetze der Form*, S. ix.

457 Siehe wie oben, Endnote 115, Aristoteles, *Physik*, 188b; ders., *Metaphysik*, 1018a und 1032a ff.

458 Zum Unterschied von Sinn und Bedeutung noch einmal Frege, »Sinn und Bedeutung«; und Wittgenstein, »Appendix I: Die Bipolarität von Sätzen. Sinn und Bedeutung. Wahrheit und Falschheit«.

459 Henri Bergson, »L'intuition philosophique«, in: *Revue de Métaphysique et de Morale* 19, Nr. 6 (1911), S. 809-827; Gilles Deleuze, *Le bergsonism*, Paris 1966; Heike Delitz, *Bergson-Effekte: Aversionen und Attraktionen im französischen soziologischen Denken*, Weilerswist 2015, S. 178f.; Carolyn Pedwell, »Speculative Machines and Us: More-Than-Human Intuition and the Algorithmic Condition«, in: *Cultural Studies* 38, Nr. 2 (2022), S. 188-218; und vgl. Dirk Baecker,

»Selbstbeobachtung«, in: Sigrid Adorf, Sønke Grau und Basil Rogger (Hrsg.), *going public: Praktiken des Veröffentlichens im Kunstfeld*, Zürich 2024, im Druck.

460 Siehe Humberto R. Maturana und Francisco J. Varela, *Der Baum der Erkenntnis: Die biologischen Wurzeln des menschlichen Erkennens*, Bern 1987, S. 34f.

461 ›Normalform‹ mit Dank an Sven Kosub, im Sinne von David Hilbert und Wilhelm Ackermann, *Grundzüge der theoretischen Logik*, 4. Aufl., Berlin 1959, S. 15. Siehe auch Sven Kosub, »Textuelle Berechenbarkeit«, in: Albrecht Koschorke (Hrsg.), *Komplexität und Einfachheit: DFG Symposium 2015*, Stuttgart 2017, S. 240-255.

462 Siehe zu Reflexionen auf die mehrwertigen Voraussetzungen von Dualen Claude Lévi-Strauss, »Gibt es dualistische Organisationen?« In: ders., *Strukturale Anthropologie I*, Frankfurt am Main 1978, S. 148-180; Rodney Needham (Hrsg.), *Right and Left: Essays on Dual Classifications*, Chicago 1973; Linda R. Waugh, Marked and Unmarked: A Choice between Unequals in Semiotic Structure, in: *Semiotica* 38 (1982), S. 299-318; Louis Dumont, *Individualismus: Zur Ideologie der Moderne*, Frankfurt am Main 1990; Luhmann, »›Distinctions directrices‹«; ders., Frauen, Männer und George Spencer Brown, in: *Zeitschrift für soziologische Theorie* 17 (1988), S. 47-71; Galtung, »Cultural Violence«; Donna Haraway, *Die Neuerfindung der Natur: Primaten, Cyborgs und Frauen*, Frankfurt am Main 1995; Judith Butler, *Das Unbehagen der Geschlechter*, Frankfurt am Main 1991; Bruno Latour, *Wir sind nie modern gewesen: Versuch einer symmetrischen Anthropologie*, Frankfurt am Main 1998; Lotman, *Die Innenwelt des Denkens*; Karen Barad, *Verschränkungen*, Berlin 2015.

463 So Weber, *Wirtschaft und Gesellschaft*, S. 1.

464 Siehe Thomas J. Fararo, *The Meaning of General Theoretical Sociology: Tradition and Formalization*, New York 1989; ders., *Social Action Systems: Foundations and Synthesis in Sociological Theory*, Westport CN 2001, S. 279ff.

465 Zu Normen Heinrich Popitz, *Soziale Normen*, hrsg. von Friedrich Pohlmann und Wolfgang Eßbach, Frankfurt am Main 2006; zur Gruppe George C. Homans, *Theorie der sozialen Gruppe*, Opladen 1960; zur Interaktion Erving Goffman, *Interaktionsrituale: Über Verhalten in*

direkter Kommunikation, Frankfurt am Main 1971; zum System Luhmann, *Soziale Systeme*, und James S. Coleman, *Foundations of Social Theory*, Cambridge MA 1990; zum Feld Bourdieu, *Die feinen Unterschiede*; und zum Netzwerk White, *Identity and Control*.

466 Luhmann, *Soziale Systeme*, S. 33.

467 Ebd., S. 124f.

468 Siehe Talcott Parsons und Edward A. Shils, Categories of the Orientation and Organization of Action, in: dies. (Hrsg.), *Toward a General Theory of Action*, Cambridge MA 1951, S. 53-109.

469 Siehe auch Urs Stäheli, *Soziologie der Entnetzung*, Berlin 2021.

470 Siehe Jon Elster, *Ulysses Unbound: Studies in Rationality, Precommitment, and Constraints*, Cambridge 2000.

471 So Erving Goffman, *Wir alle spielen Theater*.

472 Vgl. Gregory Bateson, »Eine Theorie des Spiels und der Phantasie«, in: ders., *Ökologie des Geistes*, S. 241-261; Dirk Baecker, »Das Spiel mit der Form«, in: ders. (Hrsg.), *Probleme der* Form, Frankfurt am Main 1993, S. 148-158; Fabian Arlt und Hans-Jürgen Arlt, *Spielen ist unwahrscheinlich: Eine Theorie der ludischen Aktion*, Wiesbaden 2020.

473 Zur Differenz von *talk* und *action* nicht nur in der Organisation Nils Brunsson, *The Organization of Hypocrisy: Talk, Decision and Actions in Organizations*, Chichester 1989.

474 Siehe Goffman, *Frame Analysis*; und Sacks, *Lectures on Conversation*.

475 Siehe White, *Identity and Control*, S. 30ff.

476 Siehe Luhmann *Die Gesellschaft der Gesellschaft*, S. 813ff., 826ff. und 847ff.

477 Ich orientiere mich an der Unterscheidung von *group* und *grid* bei Mary Douglas, »Cultural Bias«, in: dies., *In the Active Voice*, London 1982, S. 183-254; zu *switching* Harrison C. White, »Network Switchings and Bayesian Forks: Reconstructing the Social and Behavioral Sciences«, in: *Social Research* 62, Nr. 4 (1995), S. 1035-1063; Frédéric C. Godart and Harrison C. White, »Switchings Under Uncertainty: The Coming and Becoming of Meanings«, in: *Poetics* 38, Nr. 6 (2010), S. 567-586.

[478] Siehe dazu Niklas Luhmann, *Systemtheorie der Gesellschaft*, hrsg. von Johannes K. Schmidt und André Kieserling, Berlin 2017, S. 172; und ders., »Kontingenz als Eigenwert der modernen Gesellschaft«, in: ders., *Beobachtungen der Moderne*, Opladen 1992, S. 93-128; Dirk Baecker, »Was hält Gesellschaften zusammen?« In: ders., *Studien zur nächsten Gesellschaft*, Frankfurt am Main 2007, S. 147-174.

[479] Siehe Parsons, »A Paradigm of the Human Condition«, S. 356ff.

[480] Siehe Baecker, »The Network Synthesis of Social Action«, Part II, S. 51.

[481] Siehe von Foerster, »Bemerkungen zu einer Epistemologie des Lebendigen«; Niklas Luhmann, Humberto Maturana, Mikio Namiki, Volker Redder und Francisco Varela, *Beobachter: Konvergenz der Erkenntnistheorien?* München 1990; Watzlawick/Krieg, *Das Auge des Betrachters*.

[482] So Humberto R. Maturana, *Biologie der Realität*, Frankfurt am Main 1998, S. 25; und Heinz von Foerster, »Kybernetik der Kybernetik«, in: ders., *KybernEthik*, S. 84-91, hier S. 84f.

[483] Siehe Georg Nordhoff und Kristina Musholt, »Können wir unser eigenes Gehirn als Gehirn erkennen?« In: Jo Reichertz und Nadia Zaboura (Hrsg.), *Akteur Gehirn – oder das vermeintliche Ende des handelnden Subjekts: Eine Kontroverse*, Wiesbaden 2006, S. 19-30.

[484] Siehe Simon, *Kant*.

[485] Siehe Derrida, *Die différance*; Kristeva, *Die Revolution der poetischen Sprache*; Donna Haraway, *Das Manifest für Gefährten: Wenn Spezies sich begegnen*, Berlin 2016.

[486] Siehe Matthias Ochs und Jochen Schweitzer (Hrsg.), *Handbuch Forschung für Systemiker*, Göttingen 2012; und vgl. Barbara Kuchler, »Engel und Teufel, Heiler und Spalter: Zum Verhältnis von Systemik und Systemtheorie«, Manuskript.

[487] So Alfred Einstein, *Über die spezielle und die allgemeine Relativitätstheorie*, 24. Aufl., Wien 2013, S. 65 und 74f.; und vgl. zu den aktiv selegierenden und konstruierenden Momenten von Forschung Knorr-Cetina, *Die Fabrikation von Erkenntnis*; Bruno Latour, »Visualization and Cognition: Thinking with Eyes and Hands«, in: Henrika Kuklick (Hrsg.), *Knowledge and Society: Studies in the Sociology of Culture Past and Present. A Research Annual*, Bd. 6, San Francisco CA 1984,

S. 1-40; Hans-Jörg Rheinberger, »Strukturen des Experimentierens: Zum Umgang mit dem Nichtwissen«, in: Hans Erich Bödeker, Peter Hanns Reill und Jürgen Schlumbohm (Hrsg.), *Wissenschaft als kulturelle Praxis, 1750-1900*, Göttingen 1999, S. 415-423.

488 So Ashby, »Requisite Variety and Its Implications fort he Control of Complex Systems«.

489 Siehe W. Ross Ashby, *Einführung in die Kybernetik*, Frankfurt am Main 1974; Georg Klaus, *Kybernetik in philosophischer Hinsicht*, 3., überarb. Aufl., Berlin 1963.

490 Siehe Heinz von Foerster, »Prinzipien der Selbstorganisation im sozialen und betriebswirtschaftlichen Bereich«, in: ders., *Wissen und Gewissen*, S. 233-268 und zum ›Tanz‹ von Foerster, »Ethik und Kybernetik zweiter Ordnung«, S. 82; vgl. auch Andrew Pickering, *Kybernetik und Neue Ontologien*, Berlin 2007; ders., *The Cybernetic Brain: Sketches of another Future*, Chicago 2010.

491 Im Sinne der Kultursemiotik von Lotman, *Die Innenwelt des Denkens*.

492 So Herbert Mehrtens, *Moderne – Sprache – Mathematik: Eine Geschichte des Streits um die Grundlagen der Disziplin und des Subjekts formaler Systeme*, Frankfurt am Main 1990, S. 93.

493 Siehe Herbert A. Simon, »The Science of Design – Creating the Artificial«, in: ders., *The Sciences of the Artificial*, 3. Aufl., Cambridge MA 1996, S. 111-138.

494 Ebd., S. 116.

495 Siehe die Literatur im Anschluss an Kent Beck et al., *Manifesto for Agile Software Development*, online 2001: agilemanifesto.org; James O. Coplien, »The Culture of Patterns«, in: *Computer Science and Information Systems* 1, Nr. 2 (2004), S. 1-26; ders. und Gertrud Bjørnvig, *Lean Architecture for Agile Software Development*, Chichester 2010.

496 Siehe Ranulph Glanville, »Why Design Research?« In: ders., *The Black Box, Bd. 2: Living in Cybernetic Circles*, Wien 2014, S. 111-120; ders., »Researching Design und Designing Research«, in: ebd., S. 151-165.

497 Siehe zur Begriffsgeschichte der ›Form‹ in diesem Sinne Andreas Dorschel, »Form«, in: Petra Kolmer und Armin G. Wildfeuer (Hrsg.), *Neues Handbuch philosophischer Grundbegriffe*, Bd. 1, Freiburg

2011, S. 771-786; außerdem Christian Schäfer, »Idee/Form/Gestalt/Wesen (*idea, eidos, morphê, paradeigma*)«, in: ders. (Hrsg.), *Platon-Lexikon: Begriffswörterbuch zu Platon und der platonischen Tradition*, Darmstadt 2007, S. 157-165; und Klaus Städtke, »Form«, in: Karlheinz Barck et al. (Hrsg.), *Ästhetische Grundbegriffe: Historisches Wörterbuch in sieben Bänden*, Stuttgart 2001, S. 462-494.

498 Siehe noch einmal Mannheim, »Das Problem einer Soziologie des Wissens«.

499 Siehe Paul A.M. Dirac, *The Principles of Quantum Mechanics*, 4. Aufl., Oxford 1958, S. 1.

Begriffsindex

ohne den Nachweis der Begriffe »Beobachtung«, »Bezeichnung«, »Form«, »Katjekt« und »Unterscheidung«.

INTERNATIONALER MERVE DISKURS

WWW•MERVE•DE

Von Dirk Baecker sind bisher bei Merve erschienen

2024 IMD 499 ♦ *Katjekte. Erweiterte Fassung*

2021 IMD 499 ♦ *Katjekte* [Erste Fassung]

2019 IMD 480 ♦ *Intelligenz, künstlich und komplex*

2018 IMD 459 ♦ *4.0 oder Die Lücke die der Rechner lässt*

2017 IMD 418 ♦ *Produktkalkül*

2014 IMD 412 ♦ *Kulturkalkül*

2008 IMD 313 ♦ mit Philippe Jousset, François Jullien, Wolfgang Kubin, Peter Pörtner ♦ *Kontroverse über China. Sino-Philosophie*

2003 IMD 253 ♦ mit Alexander Kluge ♦ *Vom Nutzen ungelöster Probleme*

1998 IMD 208 ♦ *Poker im Osten. Probleme der Transformationsgesellschaft*

1995 IMD 193 ♦ mit Hannes Böhringer, Johannes Gachnang, Mario Perniola, Gerhart Schröder, Elisabeth von Samsonow ♦ *Klugheitslehre: militia contra malicia*

1994 IMD 185 ♦ *Postheorisches Management. Ein Vademecum*

1990 IMD 152 ♦ mit László Beke, Eva Meyer, Annetta Pedretti, Mario Perniola, Franz Pichler ♦ *Im Netz der Systeme*

1987 IMD 143 ♦ [Herausgabe] ♦ Niklas Luhmann ♦ *Archimedes und wir. Interviews*

INTERNATIONALER MERVE DISKURS

WWW • MERVE • DE

IMD 521 ♦ Annie Bourneuf ♦ *Im Rücken des Engels der Geschichte*

IMD 520 ♦ Armen Avanessian, Daniel Falb ♦ *Planeten Denken. Hyper-Antizipation und Biografische Tiefenzeit*

IMD 519 ♦ Stefano Harney, Fred Moten ♦ *11 Jahre / 11 Interviews* ♦ übers. v. Axel Walter

IMD 517 ♦ Armen Avanessian ♦ *Flüchtigkeitsmanagement. Medientechnologien zwischen Wirtschaft Kultur Politik*

IMD 515 ♦ Sophia Eisenhut ♦ *Vulgar Display of Power*

IMD 514 ♦ Maximilian Gilleßen ♦ *R. R. Zur Poetik Raymond Roussels*

IMD 513 ♦ Alexandre Kojève ♦ *Zum Problem einer diskreten »Welt«* ♦ hg. v. Isabel Jacobs

IMD 512 ♦ Lauren Berlant ♦ *Begehren / Liebe* ♦ übers. v. Johanna Ekenhorst

IMD 511 ♦ Derek Jarman ♦ *Pharmakopöe* ♦ übers. v. Benedikt Zopes

IMD 510 ♦ Daniel Falb ♦ *Mystique der Weltbevölkerung*

IMD 509 ♦ Shola von Reinhold ♦ *L O T E* ♦ übers. v. Lisa Jay Jeschke

IMD 508 ♦ Paul Gilroy ♦ *Schwarzer Atlantik. Moderne und doppeltes Bewusstsein* ♦ übers. v. Utku Mogultay

IMD 505 ♦ Monique Wittig ♦ *Das straighte Denken* ♦ übers. v. von Benjamin Dittmann und Arabel Summent

IMD 504 ♦ Ray Brassier ♦ *Logiken der Entfremdung* ♦ übers. v. Carla Cerda

IMD 503 ♦ Didier Deleule, François Guery ♦ *Der produktive Körper* ♦ hg. v. Henning Schmidgen ♦ übers. v. Ronald Voullié

IMD 502 ♦ Julietta Singh ♦ *Kein Archiv wird Dich wiederherstellen* ♦ übers. v. Lena Schmidt

IMD 501 ♦ McKenzie Wark ♦ *Raven* ♦ übers. v. Joannie Baumgärtner

INTERNATIONALER MERVE DISKURS

WWW • MERVE • DE

IMD 500 ♦ Félix Guattari ♦ *Schizoanalytische Kartografien* ♦ übers. v. Christian Driesen

IMD 499 ♦ Dirk Baecker ♦ *Katjekte. Erweiterte Fassung*

IMD 498 ♦ Daniel Falb ♦ *COVID und Lebensform*

IMD 497 ♦ Sophia Eisenhut ♦ *EXERCITIA S. Catarinae de Manresa*

IMD 496 ♦ Luce Irigaray, Michael Marder ♦ *Durch das Pflanzliche Sein* ♦ übers. v. Lena Schmidt

IMD 495 ♦ Giorgio Agamben ♦ *Wenn das Haus brennt* ♦ übers. v. Andreas Hiepko

IMD 494 ♦ Anne Boyer ♦ *Handbuch der verfehlten Fügungen* ♦ übers. v. Lena Schmidt

IMD 493 ♦ Félix Guattari ♦ *Eine Liebe von UIQ* ♦ übers. v. Stefan Pethke

IMD 492 ♦ Donatella Di Cesare ♦ *Die Zeit der Revolte* ♦ übers. v. Daniel Creutz

IMD 489 ♦ Sianne Ngai ♦ *Das Niedliche und der Gimmick* ♦ übers. v. Christina Dongowski

IMD 488 ♦ Legacy Russell ♦ *Glitch Feminismus* ♦ übers. v. Ann Cotten, Barbara Eder, Franziska Füchsl, Mark Kanak, Jakob Kraner, Claire Palzer, Fiona Sironic, Lotta Thießen, Bradley Williams Cohen

IMD 487 ♦ McKenzie Wark ♦ *Das Kapital ist tot. Kommt jetzt etwas Schlimmeres?* ♦ übers. v. Tom Wohlfarth

IMD 486 ♦ Coralie Camilli ♦ *Kampfkunst* ♦ übers. v. Nicolas Schneider

IMD 485 ♦ Andrea Long Chu ♦ *Females* ♦ übers. v. Lea Sauer

IMD 483 ♦ Barbara Vinken ♦ *Bel Ami*

IMD 481 ♦ Divya Victor ♦ *Scheingleichheit* ♦ übers. v. Lena Schmidt

IMD 480 ♦ Dirk Baecker ♦ *Intelligenz, künstlich und komplex*

INTERNATIONALER MERVE DISKURS

WWW • MERVE • DE

IMD 479 ♦ Laurent de Sutter ♦ *Was ist Pop'Philosophie?* ♦ übers. v. Ronald Voullié

IMD 478 ♦ Thomas Keenan, Eyal Weizman ♦ *Mengeles Schädel* ♦ übers. v. Herwig Engelmann

IMD 476 ♦ Keller Easterling ♦ *Mediumdesign* ♦ übers. v. Lena Schmidt

IMD 475 ♦ Fred Moten, Stefano Harney ♦ *Eine Poetik der Undercommons* ♦ übers. v. Lena Schmidt

IMD 474 ♦ Henning Schmidgen ♦ *Die Guattari-Tapes* ♦ übers. v. Ronald Voullié ♦ mit Beiträgen v. Antonio Negri, Jean Oury, Jean-Claude Polack, Élisabeth Roudinesco, Danielle Sivadon, Paul Virilio

IMD 473 ♦ Alexandre Kojève ♦ *Der Begriff der Autorität* ♦ übers. v. Philipp Wüschner

IMD 472 ♦ *Italian Theory* ♦ hg. v. Antonio Lucci, Esther Schomacher, Jan Söffner ♦ übers. v. Daniel Creutz, Andreas Gipper, Federica Romanini ♦ mit Beiträgen v. Giorgio Agamben, Elena Esposito, Roberto Esposito, Dario Gentili, Maurizio Lazzarato, Enrica Lisciani-Petrini, Antonio Negri, Paolo Virno

IMD 471 ♦ *Para-Plattformen* ♦ hg. v. Markus Miessen, Zoë Ritts ♦ übers. v. Uli Nickel ♦ mit Beiträgen v. Benjamin H. Bratton, Hannes Grassegger, Mahmoud Keshavarz, Angela Nagle, Nina Power, Patricia Reed, Konrad Renner, Slavs & Tatars, Jonas Staal, Hito Steyerl, Wolfgang Tillmans, Stephan Trüby, Christina Varvia

IMD 470 ♦ Sayak Valencia ♦ *Gorekapitalismus* ♦ übers. v. Carla Cerda